公務員のための場づくりのすすめ

助川達也 著
Tatsuya Sukegawa

"4つの場"で地域・仕事・あなたが輝く

現場
職場
"街"場
"学"場

公職研

はじめに

　「場づくり」とは何でしょうか？　「場づくり」という言葉に、あなたは何をイメージされますか？　人と人が集い、関わり合うこと、例えば職場のミーティングや研修業務、イベント、講演会、ワークショップ、趣味の集まり、懇親会など、世の中には無数の「場」が存在します。

　その「場」をこしらえ、息づかせることを「場づくり」と考えると、誰もが何らかの「場づくり」に関わっていると言えるでしょう。私自身、自治体職員として業務上はもちろん、その枠を越えた個人としても、いくつかの「場づくり」を実践してきました。

　そのような中で、「業務として、ミーティングの主催や職員向けの説明会の実施を任されたのだが、うまく運営できるのだろうか」、「地域に関わる活動をやってみたいのだけれど、どのように入っていったらよいものか」、「まち歩きに興味があり、自分も企画してみたいのだけれど、まず何からはじめればよいのか」、といった自治体職員からの声を数多く見聞きしてきました。職種や職位は違っても自治体職員ならではの、場づくりに関する悩みや疑問が、皆それぞれにあるのです。

　そこで、自治体職員かつ場づくり実践者である私が、経験から得た知見を生かして、場づくりに今すぐ使えるメソッドを、実際のエピソードを交えながらお伝えしていきます。仕事で地域活性化やイベントの運営を任された方はもちろんのこと、個人としても地域に関わる活動に一歩踏み出してみたい方へ、実際に役立つ内容となりましたら幸いです。

　さて、「場づくり」という言葉は可能性に富んでおり、様々な解釈があります。なぜなら、まず「場」という言語自体が多義的で、辞書を引くだけでもその多様さがうかがえます。冒頭でいくつか「場」の具体例をあげてみました。本書では、人と人が集い関わり合う状態を「場」としてとらえます。そして、その場をこしらえること、手を加えて整え、意義を持たせること、人と人を結びつけ、場そのものも広げていくこ

と、そのような活動全般を、「場づくり」としていきます。

　そして、自治体職員としての仕事や地域活動のための「場づくり」を
その性質から４つに分類し、序章で一覧にして（表を用いて）説明しま
す。この分類によって、皆さん自身が知りたい場についてのイメージが
はっきりし、課題解決の近道になるでしょう。

　続いて１〜４章で、４つの分類１つひとつについて、実際の事例をも
とにした、場づくりのプロセスや注意したいポイントなどを、具体的に
お話ししていきます。さらに５章では、それぞれの分類をつないだり行
き来したり、時には融合する取り組みについても触れていき、終章では
場づくりの価値と、私たちができることについてまとめます。

　また各章末には、全国各地の場づくり実践者からお聞きしたインタ
ビューを掲載しています。私とはまた違った切り口や多彩なアプローチ
で取り組まれている事例をご紹介しますので、場づくりの多様性を実感
してみてください。

　本書は、どこでも興味のあるページから見ていただいてもわかるよう
な構成にしています。それでも、最初から順に全体を通して読んでいた
だくことで、仕事を進める上での場づくりに大きな自信がつきますし、
地域のことがもっと好きになってきます。そして、いろいろな場づくり
に楽しく関わりたい、早速自分もやってみたい、という気持ちがきっと
溢れてくるでしょう。そのような読後を目指して執筆しました。

　私自身、ごく普通の自治体職員です。「ちょっとしたご縁」と「ひと
かけらの勇気」を大切に、多種多様な場づくりに楽しく携わらせていた
だいています。場づくりは現在進行形。試行錯誤しながらも一歩ずつ進
めているところです。本書を通じて場づくりの楽しさをお伝えしたい、
そして少しでも皆さんの一歩を後押ししたいと願っております。

助川　達也

目　次

序章

自治体職員と「場づくり」
～スタートその前に

1節　今、場づくりが求められている

◆なぜ自治体職員が場づくりを行うのか

　皆さんは、「自治体戦略2040構想」をご存じのことでしょう。2040年の未来を見据えた自治体のあり方について、総務省が中心となって2018年にまとめた研究報告です。そこには次のようにあります。今後の人口減少・高齢化などによって、自治体職員の減少や地域コミュニティの弱体化が見込まれる。そのため自治体は、新しい公共私相互間の協力関係を構築する「プラットフォーム・ビルダー」へと転換することが求められている。それゆえ自治体職員は、関係者を巻き込みまとめていくプロジェクトマネージャーとなる必要がある、と。

　このように、今、そしてこれからの自治体職員に求められる能力として、関係性をデザインし、人と人を結びつけていく力が注目されるようになっています。すなわち「構想力」です。このような変化は、皆さんも日ごろから肌で感じていることでしょう。計画を作成し、予算を獲得することだけが仕事、といった時代はもう終わりです。

　これからの自治体職員は、多種多様な関係者をつないでいき、それを何らかのかたちにしていく、もっと言うと、職員や地域の人たちの力を引き出して、皆にとってよい方法で事業を前に進めていく、そういった

スキルが求められてきます。そこで重要になってくるのが「場づくり」なのです。

◆自治体職員だからこその理由

　自治体戦略 2040 構想を例にしたように、「自治体職員に求められる能力が変わってきている」という状況を、場づくりを取り巻く外的要因とすると、自治体職員が場づくりを行うことの内的要因は何でしょうか。場づくりは自治体職員だけのものではなく、実際すでに地域や民間企業など多くの方々が実践されています。それでも、自治体職員にこそ、場づくりを進めていってほしいのです。なぜなら自治体職員と場づくりには「親和性」があるからです。その理由を3つあげてみましょう。

　1つは、自治体は営利を目的としていないので、そこで働く職員は金銭を報酬として媒介しない関係性づくりになじみやすいことがあります。

　2つは、自治体の仕事は地域の暮らしに密着していることです。特に基礎自治体である市町村に言えますが、自治体はその地域と切っても切り離せない関係です。災害時などに顕著に発揮される職員の活躍には心から敬服しますし、それも職員としてのプライドと地域への愛着とつながりの強さゆえのように感じます。

　最後は、これは完全に主観なのですが、自治体職員には「良い人」が多いことです。私は日々そう感じているのですがいかがでしょうか…。何よりも人を大切にする職業を選んだ仲間たち。実直で人がよいことは、他者との関係性を築く上で宝物になるでしょう。

　このようなことから、自治体職員が行う場づくりがどんどん広がり、大いに進められていくことを願います。では、そもそも場づくりとは何なのか、先ほど「はじめに」でも触れた、場づくりの4分類、4つの場についてお話ししていきます。

2節　自治体職員を取り巻く「4つの場」

◆多様な「場」を4つに分類

　「場づくり」とは何か、それを探るため、多様な「場」を整理しておきます。まず、自治体職員として仕事や地域活動にかかる「場づくり」の棚卸しを行います。その上で2つの軸をもって整理してみることで、自治体職員の場づくりは、大きく4つの分類にジャンル分けできます。

　1つの軸として、「業務上命じられた（与えられた）場づくりなのか／自発的な場づくりなのか」ということ、より端的に言うなら「仕事か／仕事でないか」ということで分けます。

　そしてもう1つの軸は、「その場が誰に向けられたものなのか、対象者は、職員なのか／地域の人なのか」、いわば「内向けか／外向けか」ということです。なお、ここでいう「職員」は本人が所属している自治体の職員だけでなく、ほかの自治体も含めた自治体職員全般とします。

　その上で、前者を縦軸に後者を横軸にして、以下の**図表序―1**に場づくりを分類しました。すると、ⅠからⅣの象限ごとに、異なるタイプの「場」が浮かび上がってきます。業務上では、対職員向けの「職場」、地域向けの「現場」。業務外では、自学の場としての「"学"場」（まなびば、としましょう）、地域・まちの場としての「"街"場」（まちのば、

図表序－1　自治体職員の場づくり4つの分類

	対職員（内向け）	対地域（外向け）
業務上	Ⅰ「職場」 係ミーティング・内部検討会 市町村説明会 職員研修・職員向け講演会 仕事場の雰囲気づくり	Ⅱ「現場」 地域活性化のイベント 地域課題解決に向けた話し合いの場 住民の政策への参加・協働 担当分野ごとのネットワーク
業務外 自発的	Ⅲ「"学"場」 主に政策研究系の自主研究活動 自治体職員のネットワーク	Ⅳ「"街"場」 主に地域活動系の自主研究活動 まちづくり活動・地域活動 まち歩きのイベント

とします）。このような４つの分類ができあがりました。

　表の中には、私が想定したいくつかの具体的な場が入っています。皆さんも、ご自身の関わる場やイメージされる場が、この中のどこに分類されるのか、ぜひ入れ込んでみてください。

◇「業務上 × 対職員」の「職場」

　「業務上 × 対職員」の「職場」で行うのは、毎日の勤務場所（仕事場）における職員同士の場づくりです。具体的には係のミーティングや内部の検討会などが考えられます。職員研修業務や、都道府県職員であれば市町村説明会もあげられるでしょう。通常業務の一環であり、まずは基本的な場づくりと言えます。上下関係や組織風土に左右されることがあり、若手・中堅といった立場の違いによっても、求められる場づくりは変わってきます。また、好むも好まざるも仕事としてやらなければならない場づくりもあるでしょう。

　ここでは職場における大小の場づくり、会議や説明会の開催から雰囲気向上を図る場づくりに至るまでを視野に入れます。日々の業務の場であり、人生の大半の時間を占めることになる職場、そこでどう過ごすのかは自分の人生にも大きく関わってきます。業務における場づくりの捉え方や、実際の任務を円滑に全うさせるまでのプロセスを、第１章ではお話ししていきます。

◇「業務上 × 対地域」の「現場」

　「業務上 × 対地域」の「現場」では、仕事上で職員以外の人と場づくりを行います。地域活性化のイベントや地域課題解決に向けた話し合いの場などが考えられます。ことに市町村職員は、住民と膝を突き合わせての仕事も多く、毎日の仕事がほぼこの現場という方もいるでしょう。逆にそういった現場から遠くなりがちな都道府県職員であれば、県民と接する機会が少なく、必要以上に難しく考えてしまうかもしれません。

　前述の「自治体戦略 2040 構想」で求められた場づくりは、直接的に

はまさにこの分野のものだと言えます。第2章では、自治体職員である自分たちとは違った立場にある、地域の人との信頼関係を構築することの難しさと大切さなどにも触れながら、地域の人を巻き込んだ場づくりについて考えていきます。

◇「業務外×対職員」の「"学"場」

「業務外×対職員」の「"学"場」で行うのは、仕事ではない職員同士の場づくりです。自主的に集って資質向上をはかる自主研究活動など、様々な自治体職員のネットワークが考えられます。仕事ではないので、成果にとらわれず、失敗もいとわず、練習、成長、お試しの場としての、気安さを持っています。一方で、立場や権限は意味をなさず完全にフラットな関係に職員を引き込んでいくという、いわば人間力が試されるような場であるとも言えるでしょう。

業務ではない場づくりを行う際に気をつけたいこと、そして自発的な場づくりだからこその得難い楽しさについて、第3章でご説明します。

◇「業務外×対地域」の「"街"場」

「業務外×対地域」の「"街"場」では、自治体職員が地域を舞台に、自由に場づくりを行います。地域活動を主な目的に多彩なメンバー構成で行う自主研究活動や、自治体職員も1人の住民として、地域の人たちとともに行う、地域に関わる活動が考えられます。職場の異動によって担当業務を離れても、自主的に縁を保って場づくりを継続する例もあるでしょう。自治体職員でありながらも業務上の立場や権限に基づくことなく、地域の人たちと信頼関係を築いていく場づくりでもあります。

1人の住民として地域で場づくりを行うにあたり、何を目的として、どんなことに着目していくとよいのか、第4章ではその具体的なプロセスを、まち歩きなどを例にあげて紐解いていくとともに、自治体職員が"街"場に関わる意義についても示していきます。

◇４分類に区切る「壁」の存在

　このように、自治体職員の場づくりを４つに分類し整理しました。しかし分類したからこそ、それぞれの場を規定し、区切りとなっている「壁」の存在に気がつきます。この壁は具体的にはどういったかたちで現れてくるのでしょうか。壁を前に、「壁を越える＝越境」という考え方や、「壁自体をなくす＝融合」といった視点にも踏み込んでいきます。４つの場には、場同士の相乗効果もあり、実はシームレスであると考えています。このことは、第５章で取り上げます。

3節　スタート前のウォーミングアップ

　さて、場づくりの意義や４つの分類についてお話ししてきましたが、「いざ、場づくり」となったら、一体何から取り組めばよいのでしょうか。場づくりには楽しさや高揚感もありますが、最初はとにかく不安なことばかり。何をすべきか、はたして自分にできるのか、失敗が怖い、他人からどう見られるのか等々あれこれ悩んでしまい、なかなか実行にうつせないことも、よくわかります。私も以前は、飲み会という場１つつくるのも大変でした。集まりの方向性をあれこれ考えることからはじまり、声かけの範囲はどこまでか、参加者は集まるのか、諸連絡が面倒、ドタキャンの対応はどうしよう、といった、やってしまえば何でもないことも、あれこれ心配して気が重いものでした。

　そこで、本格的な場づくりを開始する前に、まずは気持ちを楽にする４つのウォーミングアップをおすすめします（**図表序－２**）。

◇どんな場があるのか情報収集してみよう

　場をつくるには、まずは場を知ること。早速インターネットで、自治体職員の勉強会から地域のイベントまで、自分のつくりたい「場」に近いものについて検索をしてみましょう。公務員向けの講演会、自分と同世代の職員の集まり、身近なまちのイベント情報など、何かしら興味の

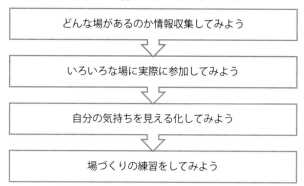

図表序－2　スタート前のウォーミングアップ

```
┌─────────────────────────────────────┐
│   どんな場があるのか情報収集してみよう   │
└─────────────────────────────────────┘
                  ↓
┌─────────────────────────────────────┐
│   いろいろな場に実際に参加してみよう     │
└─────────────────────────────────────┘
                  ↓
┌─────────────────────────────────────┐
│   自分の気持ちを見える化してみよう       │
└─────────────────────────────────────┘
                  ↓
┌─────────────────────────────────────┐
│   場づくりの練習をしてみよう            │
└─────────────────────────────────────┘
```

あるものが見つかるはずです。その情報が過去のものであったとして
も、催しの主催団体自体は現在も続いていることが多いので、
Facebook のグループでも探してみましょう。私は、入庁3年目のこ
ろ、他の自治体職員とのつながりがほしいと思い、ネットで検索してみ
ました。そこで全国の自治体職員が集うネットワークを見つけて、メー
リングリストに登録しました。そうしたネット上の場に登録すること
で、そこから関連する勉強会や懇親会などの情報が続々と流れてくるよ
うになります。

　また、日々の仕事をしていく上でも意識して情報を集めていきます。
例えば隣の課（グループ）は今どのような業務を担っているのか、それ
はどんな流れ（政策体系、法制度など）で行われているのか、こうした
情報を頭の片隅に入れておくだけでも、庁内の会議、運営というような
場づくりの役に立つことがあります。無理に覚えようとするのではな
く、自分が関わる職場以外もよく見て関心を持ってみる、ほかの部署の
人たちと雑談などを通じてコミュニケーションをとってみる、といった
ことでよいのです。情報収集のアンテナを常に立てていきましょう。

◇いろいろな場に実際に参加してみよう

　次は、いろいろな場に実際に参加してみることです。最初はただの参

加者で十分です。仕事では、先輩や上司に、出張や会議の際には自分も同行させてもらえるように頼んでみましょう。場への"リアル参加"の経験値を増やせるチャンスです。プライベートでは、他の自治体職員が行う勉強会や、地域のイベントに思い切って飛び込んでみましょう。初参加のときはハードルを高く感じてしまいますが、よくよく考えてみるとリスクはたいがい僅かなお金と時間くらいのものです。私も自主研や地域の勉強会などいろいろな場にどんどん参加してみました。最初こそおっかなびっくりでしたが、次第に慣れていくものです。すぐに楽しさや充実感でいっぱいになりました。

　実際の場に参加してみることで、たくさんの知識や人脈を得られることはもちろんのこと、これから場づくりをしたいと思う人が身をもって体感できる大きなポイントが2つあります。

　まず、場の雰囲気を体感することで、「これは自分にもできるかも」と、場づくりをいっそう身近に、自分ごとに感じられるようになることです。私も、参加前にはネット情報などから自分が同じことを実施するのは難しいだろうと思い込んでいた自主研究活動がありました。ところが実際に参加してみると、よい意味で自分のイメージは覆されました。外から見聞きしているだけでは、会の規模感や講師陣の顔ぶれなどから、こんなにスゴイ会を自分がやるのは無理だと思っていたのですが、実際に参加して体感することで、その場の中に小さな努力と工夫の積み重ねを見つけました。ならば自分にも似たような場づくりをはじめることができるのではと感じられて、この経験は場づくりの原動力になりました。百聞は一見に如かず。どんなに高尚そうな場であっても、よくよく知れば、等身大の自治体職員が地道に頑張っていたりするものです。

　そしてもう1つは、場を主催することへの憧れが生まれることです。何十人と参加者を集め、場を取り仕切っている主催者の姿を見て、かっこいいなと純粋に憧れを抱きました。その立場に自分もなってみたいというストレートな気持ちも、私にとって実践への原動力になりました。

◆自分の気持ちを見える化してみよう

それでも、いざ場に参加してみるといっても、知らない場に参加することに不安があることは当たり前です。

そこで、おすすめしたいのが「気持ちの見える化」です。自分は一体何を不安に思っているのか、ありのままの気持ちをひたすら書き出してみます。そうすることで漠然とした気持ちが整理されて、自分がどんなことを恐れているのか、何が苦手なのかが見えてきます。ここですぐに解決はできなくても、ひとまず心は落ち着きますし、ではどうしようかと次の一手を考えることができます。そしてこの「不安の見える化」は後に自分が場づくりをする側になったときにも大いに役立ちます。場づくりに慣れてくると、経験者ならではの課題や悩みが出てきたりして、初参加のころの気持ちを忘れがちになります。そんなときにこの記述を見返すことで、どんなことが参加者のネックになっているのか、どのような情報をより多く詳しく出すべきなのか、といったたくさんのことに気づかされます。

それと同時に、明るい気持ちもぜひ、見える化をしておきましょう。やりたいことをリストアップして「望みの見える化」をしていきます。こちらは、不安を乗り越えて前進する大きな拠所となります。望みは、例えば、全国的に著名な研究者、実践者、自治体職員の話が聞いてみたい、知り合いになりたい、といった大きなものから、あのラーメン屋の一杯を食したいといった小さなものまで、雑多に、楽しく書き出していきましょう。そして勇気を出して望みを叶えた後には、その叶えた望みを再び書き記していきます。今日自分は、勇気を出して望みを1つ実現させたのだと。これは、自分の頑張った一歩をしっかりと記しておく「勇気の見える化」です。この積み重ねが自分にとっての自信の収集にもなります。こうして見える化された気持ちのデータは、あなただけのかけがえのない宝物になることでしょう。

◆場づくりの練習をしてみよう

　さあ、いよいよ場をつくる側へ。あなたも行ってみましょう。

　とはいえ、まだまだ身構えてしまうことだと思います。私も自分自身が主催者となるまでには、かなりの時間を要しました。そこで、まずは気軽にできる場づくりの「練習」の機会を具体的にご紹介します。

　職場においては、先輩が行っている会議やイベント運営を「手伝う」ことで、開催に向けた段取りや実際の進め方を学べる機会が得られて、よい練習になります。自分の仕事と直接関わりがなくても、身近に興味深いイベントなどがあれば、積極的に手伝いを申し出てみましょう。

　それから皆さんにおすすめしたいのが「ランチ会」の開催です。職場の昼休み時間を使って、誰かと一緒に食事をして歓談をする。ただこれだけの場づくりです。3人でも集まれば場は場ですし、6人くらいまでなら限られた時間でも結構話は盛り上がります。1回限りでもかまいませんし、曜日などを決めて定期的に開催するのもよいアイディアです。

　ランチ会は、参加へのハードルが低く、夜の飲み会と違って時間的にも金銭的にも負担が少ないというメリットがあります。都市部では特に勤務先が密集しているので、近隣の自治体ならランチ時に集まることもできるでしょう。地方でも小さな出張などを活かして会食の場を設けるなど、ランチタイムを場づくりの練習タイムとして楽しんでみませんか。気軽にはじめられて失敗の痛手もほぼないランチ会は、場づくりの練習にもってこいです。ぜひトライしてみてください。

　さあ、ウォーミングアップもできました。早速、あなたの場づくりをスタートしましょう。

第 **1** 章

日々の業務からはじめよう！
職場編

　「業務上 × 対職員」の「職場」。１章では、私たちが日々働いている仕事場で行う場づくりについてお話しします。「職場」の場づくりの例としては、係のミーティング、内部検討会、施策・事業説明会や、職員の研修などがあり、それらを効果的なものにしていくことがあげられます。会議や説明会の形式をとることが多いのも特徴といえるでしょう。まずはこのような、職場での場づくりにおいて考えられる共通の悩みを、以下のように整理しました。

職場における場づくりの悩み・不安		
会議を任されて、まず取りかかることは何か？ 実施に向けたイメージがわかないときは？ 準備の時間がないときは？	会議、説明会の 準備段階	1 節
トラブルが起きた場合は？ 当日気をつけることは？ 結果がうまくいかなかったら？	直前から当日の 運営と “次”に向けて	2 節
上司に相談したいがうまく機会がつかめない 関係部署との連携に難がある 部下・後輩にもっと積極的に動いてもらいたい	職場の 関係性づくり	3 節

仕事をしていて、会議・説明会等の開催を任せられたとき、「何から手をつけてよいのかわからない」「トラブルが起きたらどうしよう」といった様々な不安を抱えることもあるでしょう。また、任せられたタイミングによっては「準備の時間がない」とスケジュールの問題が起こることも考えられます。これらの不安について、実際にどのように対応し解決につなげていったらよいのか、会議や説明会の準備や運営についてその心がまえや手法を、1つずつ段階を追ってお話ししていきます。

　また、職場の場づくりでは、スムーズな段取りや的確な実行のために、上位・下位の職員との意思の疎通をしやすくすること、いわば職場の関係性づくりが重要になります。「上司が話を聞いてくれない、相談できる雰囲気ではない」という若手職員、「部下や後輩に積極的に仕事に取り組んでもらいたいが、どうアプローチすればよいか」という中堅職員、このような関係性への不安と職場の雰囲気づくりのポイントについても、若手・中堅、それぞれの立場から具体的にお話ししていきます。

1節　会議・説明会の準備段階で何をするか

　まずは、会議や説明会等のセッティングを任せられたとき、準備段階までに出てくる悩みや不安（**図表1－1**）を解消していきましょう。

図表1－1　準備段階の悩み・不安

段階	悩み・不安	解決のための考え方
任せられた 直後〜準備	最初に何を考えたらよいのか？	**会議の目的を理解しましょう！** 目的の4つの整理
	実施に向けたイメージがわかない、何からどう手をつけたらよいのか？	**今すでにあるものを活かしていきましょう！** 活用できる資源の把握
	時間がないときはどのように準備を進めたらよいのか？	**準備の優先度を決めてから進めましょう！** 作業リストの作成

◆まずは会議や説明会の目的を理解する

　職場における場づくりをはじめるにあたって、最初にすべきことは、その場の「目的」をしっかり確認することです。場づくりには必ず目的があり、職場の場づくりも例外ではありません。例えば、会議や説明会の目的は大きく次の4つに整理できます（**図表1-2**）。

　目的の1つは意思決定。文字どおり、物事を決める場です。自治体の組織は階層制であるため、様々な場面で上位層への説明が必要になります。また、分野ごとの審議会や委員会も存在します。ここでは、比較検討ができる資料の用意や代替案の提示といった、意思決定を促す場の設定が重要になります。

　2つはアイディアの創出。ここでは、自由に意見を出し合える雰囲気づくりと仕掛けが大切になります。最近よく取り入れられているワークショップという手法は、気軽にアイディアを出し合うことを重要視しており、この目的達成には最適です。活発なワークショップによって、次々とアイディアが生まれる瞬間の高揚感はこの手法ならではの醍醐味です。

図表1-2　会議・説明会等の目的整理

目的	意思決定	アイディア創出	作業（業務）依頼	決定事項の確認・共有
適する会議形態	内部打合せや、審議会（委員会）	ワークショップ	ミーティングや説明会	説明会
進行のポイント	比較検討できる資料の用意	和気あいあい、話しやすい雰囲気	わかりやすく、簡明な説明	丁寧な説明
留意点	代替案、評価軸の提示も必要	明るく開かれたスペースの用意など、緊張を解き交流しやすい環境を整える	メール等による効率性を重視しながらも、顔を合わせる機会を大切にする	決定後、なるべくすみやかにメール等で共有する
結果が不調の時	意見を整理し、再度実施	メンバーや場所を変えて再実施	説明資料の再提示、関係性構築	－

そして、3つ、4つには、作業（業務）依頼と決定事項の確認・共有があります。このような目的に対しては、会議という場を設けなくともメールで事足りるといった声も数多く聞かれます。ただ単に事務方の説明を聞くだけで終了といった会議は、メール等の手段に変えることができそうです。しかし、全てをメールに変えてしまってよいのでしょうか。

　卵が先か鶏が先かの話ではありませんが、私は、対面の会議によって「顔の見える関係」を築くことも職員として重要なことだと考えています。日々関係者同士がコミュニケーションをとっておくことで、有事の際にも円滑な連携が期待できるのです。特に普段コミュニケーションをとることが少ない関係部署や機関ほど、顔合わせの機会が望まれます。多忙な中で顔合わせのためだけに集まるのは難しいこともありますが、他の会議等と併設するなどして、効率よく機会を設けてみましょう。

　このように、まずは会議の目的をしっかりと考えてみることで、その会議の進行や着地のさせ方も、徐々にはっきり見えてきます。

　例えば会議の目的がアイディア創出であれば、最終的にアイディアの採用を決める決定者はその場にいないほうが、闊達な議論が期待でき、アイディアが生まれやすいかもしれません。気軽に発言してもらうためにも、いかに楽しい雰囲気をつくっていけるかがポイントになります。そのため、開催場所は無機質な会議室よりも明るく開かれたスペースを使う、上座をつくらない座席配置にする、可能であればお菓子や飲み物を用意しておくなど、緊張をほぐし、交流の生まれやすい環境を整えていきます。また、1人ひとりに発言を促す手法を用いるなど、皆がまんべんなく交流できるよう時間配分にも気を配ります。

　また、どのような目的であれ活発な意見交換を期待するのであれば、場の参加者にとって自分の思いや考えが尊重されて、まわりにしっかり共有されると感じられるような仕組みをきちんとつくっておくことです。すると参加者は発言がしやすくなり、場の雰囲気もよくなります。

◆使える資源を探し、すでにあるものを活かす

　会議の目的は確認できました。そこから実施に向けて、実際に何から手をつけたらよいのか、具体的なイメージがわかない。そういった不安は、新しいことに取り組むときに、誰もが多かれ少なかれ抱くものです。特に異動直後の職員は、文字どおり右も左もわからない中で動くことになりますし、異動直後に限らず、新たに立ち上げる会議や説明会の実施を命じられることもあります。そんなときにはまず、どこをあたっていけばよいのでしょう。ここでは、「すでにあるもの」を活かしていきます。自分の身の回りに存在する資源に目を向けてみると、何かしら活用できる資源が見つかるはずです。

　身の回りにある活用できる資源を、**図表1-3**に整理しました。まず必要になるのは情報資源です。具体的に言うと、前回までに使用されていた進行や内容に関する資料です。当該会議の企画書や説明資料はもちろん、日取りや会場決めの方法、メールや通知文の送付など参加者への連絡手段、会場の張り紙や名簿等の会場準備、運営マニュアルや当日のコアメンバーの動きを記した進行表などのデータが考えられます。異動直後や急遽命じられた際には、このようなデータのありかをまず探してみるとよいでしょう。

図表1-3　活用できる資源の整理

資源	具体的内容	不足の場合の対処法
情報資源（データ）	進行や内容に関する資料 （前例）	類似の会議を探す （他部署・他自治体）
人的資源（頼りになる人）	前任者、先輩や上司 同じグループや課のメンバー	ヒアリングで情報収集 （日頃からの関係性構築）
物的資源（会場・物品）	庁内会議室、プロジェクター、 PC、コピー機、ネット環境、 資料、文具類等	他所属からの応援、かき集め （迅速な発注）
そのほか無形資源	意思決定権限 メンバー間の協力体制	意思決定者への事前確認 役割分担、メンバー間の関係性

もし、データの蓄積がなかったり、新しい会議で活用できるデータがないときは、他部署や他自治体の類似の会議等を探します。データが見つかると、不安はかなり解消されます。前例があるのとないのとでは、その後の作業効率が大きく変わってきます。効率よく進めていくことで、時間に余裕をつくって、前例以上のものを目指しましょう。

　それ以外の資源については、頼りになる人といった人的資源、会場・物品等の物的資源、そのほかの無形資源が考えられます。

　人的資源として考えられるのは、前任者、先輩や上司などです。前任者が異動してしまった場合も、可能であれば当人にヒアリングを行って情報収集に努めましょう。

　物的資源のチェックも早めに行っておきます。日々何気なく使用していて軽視しがちですが、会議に必要な用具の不足は、思わぬトラブルを誘発し、作業効率の低下につながってしまいます。時間のある時に物品を確認しておき、不足している場合は、すぐさま発注するか他部署から借りるなどして対応していきます。

　そのほかの無形資源としては、意思決定の権限はどこまであるのか、メンバー間の協力体制は整っているかということがあげられます。職位によってはそう大きな権限は与えられていません。それでも予め段取りや会議の結果をシミュレーションしておき、その対処方法について意思決定者へ事前に了解をとっておくと、スムーズな進行の助けになります。

　メンバー間の協力体制については、準備又は当日の役割分担をしっかりと話し合っておくことが大切です。こちらも日ごろからよい関係性を築いておくことは言うまでもありません。職場の関係性づくりについては、この章の最後にお話しします。

◇準備の優先度を決める

　準備の時間がなくて焦ってしまう、やるべきことはたくさんあるが、何から手をつければよいのかわからず、時間だけが過ぎていく、といった不安もあることでしょう。自治体職員の業務は、会議の場づくりだけ

ではありません。通常業務や窓口・電話対応で時間が取られてしまうことも多々あります。迫りくる期日に焦り、焦りによる悪循環に陥る経験は、誰もが一度はしていることかもしれません。では、どのように対応していったらよいのでしょうか。

まずは、たくさんあるやるべき作業の「優先度」を整理することです。一旦、やるべき作業を全て紙に書き出してみます。手を動かしながら考えると思考力が増します。ポイントは、書いている間は実際の作業に取り掛からないことです。アレもコレもやらなくてはと焦りながらの作業は効率が落ちます。まずは自分が自分の司令官になって、やるべき作業の内容を整理し、優先度を決めていきます。その優先度をもとにして実際の作業に取り掛かっていくと、作業も捗ります。こうした作業リストを書き上げて、やるべき作業をきちんと整理することで、一見膨大に感じた作業量に怯む気持ちが緩和される、といった効果もあります。

ただ、作業の優先度の決め方がよくわからない、という人もいるでしょう。そこで、会議等の場づくり準備における優先度について、**図表1－4**にまとめてみました。まずは相手があることから取り掛かることが重要です。相手には相手の都合があり、出張や休みで不在の可能性も

図表1－4　準備の優先度

優先度

高

○日程・場所決め・会議室の予約（相手があること）

○会議・説明会等の案内・通知

○資料作成（関係機関への依頼）

○資料作成（自ら作成するもの）

○資料のチェック依頼（上司（意思決定者）・同僚等）

○資料の印刷（可能であれば事前送付）

○当日の段取り、役割分担、必要物品確認

○自分の中での事前シミュレーション

○シミュレーションを受けての再調整

○名簿作成

○進行・説明用の原稿用意

低　○会場案内（貼り紙）の作成

あります。お願いすることは余裕を持って早めに行いましょう。

　また、準備段階の心がまえとしては、最初から100点満点の準備を目指さないことです。もちろん、完璧な準備ができればそれに越したことはありませんが、社会人は限られた時間の中でパフォーマンスを発揮しなければなりません。私自身は、まずは60点を目指し、必ず押さえなければならないことを先に準備します。その上で、時間に余裕があれば少しずつ点数を上げていく手法をとります。場づくりは生モノですから、多少予期しないことがあっても、それを是として進めていくことも必要になります。

2節　直前から当日の運営と"次"に向けて

　いくら準備を万全にしても、実際の運営がうまくいくかどうかはまた別の問題です。運営に関わる悩み・不安（**図表1-5**）は、どのようにすれば解決できるのでしょうか。

　また、職場の場づくりは一過性のものではなく、継続的に反復されることも多いものです。繰り返しの中でよりよい場づくりを目指していくという視点も重要になります。

図表1-5　運営と実施後の悩み・不安

段階	悩み・不安	解決のための考え方
直前から当日	トラブルが起きた時には？	**トラブルの予防と対処を確認しよう！** 前日までの準備と当日の対応
	当日、気をつけることは？	**3つのポイントに気をつけよう！** 役割分担、時間の管理、書き残し
実施後	結果がうまくいかなかったら？	**あらためて目的を確認してから！** チェックとアクションを繰り返す
継続・反復	継続や反復していく際に、気をつけることは？	**場のメンテナンスと可視化の視点で！** 一過性で終わらない、長期的イベント等の場合

◆直前から当日〜トラブルの予防と対処

　場づくりは生モノですので、リスクをゼロにすることはできません。では、思ってもいないトラブルが起きたときにはどのように対応したらよいのでしょうか。悪天候や交通機関の遅延など、自分ではどうしようもないことも起こり得ます。それでも、前もって自分にできることもあります。それは、事前のシミュレーションです。

　ここでのポイントは、ネガティブな視点を持ってみることです。少し意地悪に過剰なマイナス思考で考えてみます。データや当日の進行表を元に、リアルにかつネガティブに、事前シミュレーションを行っていきます。すると、ここではこういう問題が起きそうだ、ここはもっとこうしたほうがよい、といった数々の改善すべき点が浮かび上がってきます。

　そのような課題を洗い出し、防止のための改善点を考えてみることがリスクヘッジにつながります。さらに、前例がある会議であれば前任者や関係者に話を聞いて、疑問があればその疑問をぶつけてみるとよいでしょう。その結果を踏まえて、例えば進め方に課題があるなら進行表を見直し、参加者の当日の動線に問題があるなら、掲示する張り紙をより細かく作成するなど、必要に応じた改善を行っていきます。議題自体に問題がありそうなときや、参加者にひとくせある人がいたりして心配な場合には、上司に相談して対策を打っておくとよいでしょう。

　しかし、トラブルは起きるときには起きてしまいます。当日に想定されるトラブルとその対処方法を**図表１－６**（次頁）に整理しました。このような対処方法を事前に考えておくことで、準備段階において備えるべきことのイメージがつきやすくなり、リスクヘッジの参考になります。

◆当日〜気をつける３つのポイント

　そして、いよいよ迎える当日。気をつけたいポイントは３つあります。

（1）自分の身は空けておく

　1つは、自分自身が作業に追われないようにすることです。当日は、自分の定めたマニュアルどおりに役割をこなしていけばよいのですが、

図表1－6　トラブルの予防と対処

当日のトラブル	当日の対処方法 【 】は前日までの事前準備
参加者が時間になっても来ない	本人または所属へ連絡 【連絡先把握、事前確認の一報】
借りた会場に難あり （例：隣室・周囲がうるさい、マイクが不調）	現地にて調整、参加者に理解を求める 【事前確認、スペア品の用意】
準備した物品の不備や忘れ	代替物で対応、時間があれば取りに戻る、周辺で調達 【会場周辺の下調べ】
資料の部数が足りない	運営側で調整または後日送付 【部数や配布方法の再確認】
（会議の場合）説明者が急遽欠席	代替者説明（質疑は預かる） 【役割に対し代員を決めておく】
（研修の場合）講師が来ない	講師へ連絡、遅刻の場合はカリキュラムの変更で対応 【事前確認の一報】
悪天候、災害発生等	程度により中止・延期を検討 【催行決定の時間や連絡方法を決めておく】

　ここで1つ落とし穴があります。それは、場をつくる側になるとつい意気込んでしまい、アレもコレも自分でやるんだと、自身にたくさんの役割や作業を充ててしまう恐れがあることです。気負うのはわかりますが、これは逆効果です。むしろなるべく作業を担わず、自由に動けるようにしておくことが大切です。当日の役割分担を明確にしておき、自分の身は空けておくことで不測の事態にも対応できます。また作業から解放されることで、場を俯瞰して見ることができます。すると人の流れや物事の進み方が見えてきて、動きが止まっているところやバラバラに進んでいるところに、その都度手を打つことができるようになります。

（2）時間管理の徹底

　次に気をつけたいことは時間の管理です。これは、内輪の打ち合わせだからと言って、おざなりにしてよいことではありません。決められた

時間どおりに進行しているかどうか、進行役や説明者と適宜調整していきます。どうしても時間が延びる場合には、参加者にその旨をきちんと伝えます。ダラダラと続いていき、一体いつになったら終わるのかといった苛立ちや焦りが渦巻く場にすることは避けましょう。意識を集中できるのは2時間までといわれており、パフォーマンスの低下にも直結します。時間重視の進行を優先することで、意思決定まで至らずに終了することもあるかもしれません。それでも、何をどこまで決めたのか、決められなかったことをどうするのかを確認し、時間どおりの進行に努めます。

(3) 気づきの書き残し

　最後に大切にしたいのは、当日終わった後、すぐに「今回の場づくりについての自分の気づき」を書き残しておくことです。これは、会議録の作成とは異なります。大きな仕事が終わって一段落。ホッと気が抜けますし、パッと切り替えて別のことに向き合いたいという人もいるかと思います。しかし人間の記憶には限界があり、思った以上に忘れてしまうものです。できる限り速やかに、今日の感想や反省（目的の達成状況や、うまくいった／いかなかったこと、その理由など）を文字化して残しておきます。自分だけでなく、今回一緒だったメンバーからも気づきを集めて共有できるとなおよいです。この「気づきの書き残し」が次回以降の会議に必ず活きてきます。

　私自身、過去の自分が残してくれた情報に何度も救われて感謝しました。さらに、自分がつくった場のみならず一参加者として関わった会議でも、毎回気づきを残しておくことをおすすめします。参加した感想とともに、今回の会議の目的は何であり、それに合った手法はどんなものか、と主催者側の視点になって考えてみましょう。よかったと思う点や、自分ならこう改善したいといった点も、忘れずに書き留めておきます。これは自分が場づくりする側になったときにも大いに役に立ちます。

◆実施後〜結果がうまくいかなかったら

　会議・説明会では、クレームが出たり、意見がまとまらなかったりと、結果がうまくいかないこともあります。その場合はもう一度、その会議や説明会の目的をあらためて確認してみます。例えば議論が紛糾しても、目的に鑑みるとそれでもよいということもあります。まとまらないまま終わってしまったとしても、アイディアが多く生まれているかもしれません。1回目はアイディア出し、2回目は方針決定など、会議の回数によってもその目的は変わってきます。

　当初の目的が果たせていないならば、**図表1−2**に記載したとおり、意思決定の場合は、出た意見を整理して再度実施すること。アイディア出しの場合は、メンバーや場所を変えて再実施するなどの方法が考えられます。チェックとアクションをくり返していきましょう。

◆継続と反復〜場のメンテナンス

　これまで、会議や説明会等の準備から当日までの流れを段階を追って説明してきました。職場における場づくりでは、ただ1回の会議では終わらない、一過性ではなく、長期的に継続して運営していく場もときには出てきます。例えば、毎年行われる大規模な大会や催事、一定期間継続して実施していく電話窓口や審査業務などがあげられます。これらには担当以外の職員の協力を得ることが少なくありません。

　そこで、職員を動員して行うイベントを例に、場を継続したり、反復したりしていく際に気をつけること、すなわち、「場をメンテナンス」する方法についてお話ししていきます。

　多くの職員を動員して場をつくっていく際には、初めて関わる職員やあまり業務がわかっていない職員にも、できる限り自発的に動いてもらえるように心がけます。そのためには、やることをきちんとマニュアル化して、はじめに丁寧なレクチャーを行うことが大切です。とはいえ、場をとりまく環境は刻々と変化するでしょうし、指示する側にも余裕がなくなり、動員された職員たちは何をしてよいのかわからなくなる、と

コラム：若手時期に陥りがちな落とし穴

　勤続 20 年程となる私ですが、自分の若手期の職場の場づくりはどうだったのか、振り返ってみました。会議などの場づくりを任されたときはとにかく失敗しないようにと、硬くなっていたように思います。自分なりにやることをリストアップし、事前シミュレーションも未熟ながら行い、ミスやトラブルがないようにと、かなりナーバスになっていました（もちろん仕事として円滑な会議運営を第一に考えるのは当然のことですが）。

　ただその上で、もっとこうしておけばよかったと感じることは、会議や説明会などを単に「こなす」のではなく、もっと気持ちに余裕を持って臨めたらよかったということです。間違いがないようにとガチガチになって場をコントロールしようとするのではなく、場は生モノであると理解し、柔軟な心で場と向かい合う。そんなしなやかさを持つことで、会議は単にこなすものではなく、自分にとって大きな吸収の機会にもなります。同時に俯瞰的な視点も持つことができます。すると会議の意味合いをより深く理解することができ、当日の進行上で多少意図しない動きがあっても余裕を持って対応することが可能になります。

　また、若手期には、経験が少ないことから、会議で相手からの質問が怖く、質問がこないようにと祈ったものでした。予期せぬ質問には焦ってしまうものですが、質問が出るということは相手がこちらの考えに興味を持ってくれた証です。質問が意見交換のきっかけになりますし、投げかけられる質問が鋭いほど、相手も本気でこの場に臨んでいるということです。やりとりの如何によっては、その後心強い味方になってくれることもあります。会議は相手との信頼関係構築の場とも言えるでしょう。自分1人で質問に対応することは難しいこともあるかと思いますが、真摯に応対することで、気持ちは相手にも伝わります。

　そして、こういった質問の対応はもちろん全体についても、1人で抱え込むことのないよう気をつけましょう。若いころは、頑張れば頑張るほど視野が狭くなりがちなのです。すぐ近くにいる同僚や先輩、上司をもっと頼ってみてください。上手に頼ることで、場を楽しむ余裕をつくっていきましょう。

いった非効率な混乱状態になりがちです。

　そういった時には、進捗状況を把握している一握りの人が、混沌とした現況を解消できるようにしなくてはなりません。そこで「見える化」することが重要になります。具体的には、作業工程や進捗状況をホワイトボードに記入したり紙で貼り出したりして、作業中の人たちにも共有できるようにします。それとともに、誰がコアのスタッフなのかが一目でわかるように、例えば腕章やビブス（ゼッケン）を付けて目立たせるなどして、皆がその人を認識しやすくします。

　その上で指示側は、実際に場の中を歩き回るなど、積極的に動員側の職員の中に入って、状況をよく見ていきます。皆に伝えたい現状や留意事項については、マイクやトランシーバー等を用いて広くしっかり伝えたり、場合によってはＳＮＳを活用したり、その都度その場全体で情報共有を行っていくことに努めます。

　継続・反復する場は、外部環境の変化などにより、状況が日々動いていきます。作業手順や工程も、その都度見直していくことが求められるでしょう。場を運営する側として、試行錯誤を繰り返しながら、その時その時に一番よいかたちに場をメンテナンスし続けることが大切です。メンテナンスされた場は、その時々に適切なパフォーマンスを発揮することに直結し、また"次"に実施する際に欠くことのできない「前例」をつくります。関わる人と向き合いながら、主体性を引き出しつつ、微調整を繰り返していく、そうした工夫を重ねていきましょう。

3節　職場の場づくりの土台となる関係性づくり

　ここからは、職場の場づくりの土台となる上司や部下など、勤務場所（仕事場）の関係性づくりについてお話しします。先にもお話ししたように、業務である職場の場づくりを円滑に進めていくには、自分をとりまく人たちとの関係性（**図表１－７**）が重要です。また、人が集う仕事場自体を効果的で意義あるものに息づかせようとするのですから、仕事

図表1－7　自分を取り巻く関係性

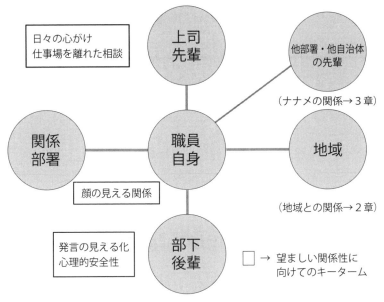

場の関係性づくりそのものも、場づくりの1つと考えられます。

◇気軽に相談を持ちかけるには（対上司・先輩）

　職場の場づくりをする際には、スムーズな段取りや的確な実行のため、上司や先輩の協力は必要不可欠です。しかし、「上司に話かけづらい、相談できる雰囲気ではない」という若手職員からの声をよく耳にします。そんな時はどうしたらよいのか。何か自分から変えられることはあるのでしょうか。

　仕事は1人ではできませんし、1つの課で完結するものも多くはありません。だからまずは、身近な同僚を助けたり助けてもらったりして、よい関係を築いていきましょう。近い存在だからこそ、気恥ずかしさもあって意識をしてしまう部分もありますが、心を開いて本音で話してみます。長い時間をともにする仲間です。気心知れた間柄であることほど頼もしいものはありません。先輩に対しても同様です。序章でもお話し

したように、少し背伸びをして先輩の仕事のお手伝いを申し出てみましょう。ちょっと生意気なようでも、仕事に目を輝かせている後輩を嫌だと思う人はいないものです。こうした日々の心がけが大切です。

とはいえ、いざ、上司に話しかけたい、相談したいと思っても、相談を持ちかけるタイミングは意外と難しいのです。実際の職場では立場や席次が優先しますし、他人の目や耳も気になります。忙しそうにしている上司を見て、気後れすることもあります。特に若手にとっては気軽に話しかけることは、そう簡単ではないでしょう。

そこで、いつもの仕事場から少し離れて、話ができるチャンスを探してみます。例えば1つおすすめしたいのが、移動中の車の中で話すこと。出張で少人数になった時を見計らい、出張の車内を相談の場にしてしまうのです。特に地方の自治体では公用車を使った出張が多くなります。2、3人という少人数の閉じた空間は相談の場にうってつけです。雑談からはじめて日ごろ悩んでいることまで、いろいろと相談してみましょう。ここで注意すべき点は、根を詰めた話や決断を求める話はしないことです。若手であれば運転手であることが多いので、資料を用いての相談も難しいです。そこで「自分は今こんなことを考えている」「例の事業に不安がある」など、自らの気持ちを率直に言葉にしてみて、考えを整理しながら相手に伝えてみることをおすすめします。上司にとっても、いつもの環境から離れ、決断の場でないからこそ、自由な発想で話が弾むことが多いです。

公用車の中というシチュエーションが難しくても、別室での作業時や、給茶等のリフレッシュスペースも、普段の仕事場から離れて少人数になる環境かと思います。コミュニケーションの量が信頼にもつながります。まずはまじめな雑談から関係を進めていきましょう。

◆顔の見える関係を築くには（対関係部署）

　また、特に若手のころは他部署や関係機関に顔見知りが少なく、些細なやりとりも緊張してしまいます。仕事で関わる人たちと円滑な連携をとっていくためには、日頃からのコミュニケーションが大切になります。ぜひ「顔の見える関係」を築いていきましょう。

　そのためには、とにかく相手に会ってみることです。皆さんは、普段メールや電話でやりとりしている職員の顔は知っていますか。会わなくても特に問題なくやっている、と思われる人も多いでしょう。それでも一度相手に会いに行ってみましょう。笑顔で名乗り、いつもお世話になっているお礼と、「一度実際に会ってご挨拶してみたかったので」、と正直に話せばよいのです。するとその後に小さな変化が訪れます。これまでは無機質なやりとりだった相手からの連絡が、その人の顔が浮かび上がる、血の通ったものになるのです。

　これは相手にとっても同じことで、仕事上の効果も抜群です。まず、やりとりがしやすくなります。ほんの些細なことでも聞きやすくなり、レスポンスも早くなるでしょう。そして連絡の内容を失念することがなくなります。自分の中で、「単なる案件」ではなく、顔の見える人と人との対話や約束になってくるからです。さらに、相手の存在が感じられることでやりがいにもつながります。メールや電話のみならず、実際に対面して話す機会を、状況に応じて設けられるとなおよいです。

　とはいえ、自治体職員は一般的におとなしくて真面目な人が多い印象を受けます。シーンと静まり返った他部署の執務室に突然入っていくなど、自分にはハードルが高すぎると考える人も多いでしょう。でも一度やってみると、何でもないことだったりするのです。勇気を持って自分の中のハードルを越えてみる。これは本書のメッセージであり、この後2章から4章でも大切にしたい考え方です。ひとかけらの勇気で世界が広がる、それは今いる仕事場から、すでにはじまっているのです。

◇心理的安全性を高めるには（対部下・後輩）

　中堅期になると、部下や後輩との関わりの中で、仕事の指示を介する関係性への不安が生じてきます。正確にわかりやすく指示をすることはもちろんですが、どのようにすれば相手の積極性を引き出すことができるのでしょうか。仕事へ積極的に取り組めるかどうかの１つのポイントに主体性があります。上からの指示に従えばそのまま完遂するような仕事には、なかなか情熱を持ちづらいものです。いかに部下・後輩の主体性を引き出せるかが中堅職員の腕の見せどころとなります。ここで実際にあったミーティングを例に、主体性の引き出し方を考えていきます。

　異動シーズンを経て、自分以外のメンバーが全員入れ替わりとなり、実質的にグループの指導的な役割を担うことがありました。メンバーには会計年度任用職員もいる中、皆それぞれに業務を担ってもらいたい。これからの仕事場は、正職員以外にも多様な職員で構成されていきます。そこで、業務のレクチャーを一通り行った後、議題に沿ってアイディアを創出する時間をつくりました。その場に１台のモニターを用意し、メンバーが発言した内容を都度パソコンに打ち込み、話している内容を「見える化」することに努めました。

　自分の意見が全てモニターに表示されていくと、肯定されたように感じられるものですし、次々と意見が載っていくので表面的にも場が活気づきます。傾聴に努め、意見を否定せず尊重していくことにも留意しました。すると当初は臆していたメンバーも次第に自発的になり、皆から次々と意見が出るようになりました。出てきた意見を文字で見ながら考えることができるので、短時間ながら複雑なことまで話ができたことも収穫でした。ホワイトボードを使うのもよいでしょうし、大きな付箋紙にそれぞれが書き込みをして、一覧にする方法もあります。主体性を引き出すためには、発言を「見える化」すること、そして気兼ねなく意見を言える状態、「心理的安全性」を保つことが、とても効果的です。

◇職場の関係性づくりは小事の積み重ね

　皆がいきいきと働くには、風通しのよい職場づくりが重要です。特に管理職と若手をつなぐ中堅の職員は、こうした場づくりにおいて重要な立ち位置にいます。相談しやすい雰囲気をつくり、メンバーそれぞれが、気兼ねなく自分の意見や気持ちを発信できる状態、「心理的安全性」の高い職場をつくるためにも、日ごろから皆に笑顔で接する、気軽に相談に応じるといった心がけはとても大切になります。

　例えば一緒に働きたい上司や先輩について考えてみましょう。まずは、話しかけやすい人。笑顔が多く、気分が安定していることが大切な要素です。さらに、こちらに興味を持ってくれて、一方的な否定をせずに話をよく聞いてくれる人。そして、時として弱みも見せるような人間味にあふれ、ともに楽しんで一緒に笑える親しみやすさのある人…。皆さんは、どのような上司や先輩を理想とされますか。

　私もかくありたいと願いつつ、大切にしていることは「笑い」です。別にウケを狙うのではなく、ちょっとした冗談などから、場の緊張を緩めたいと考えています。ミーティングは、自分の意見が正しいと主張して意見を通すことに躍起になるのではなく、できる限り他者の異なった視点を知り、皆の考えを把握する場にしていきましょう。そのためにも、相手と一緒に楽しみ、お互いの心をほぐすことが効果的です。

　そのほかにも、まじめな雑談を大切にしていくオフサイトミーティングという仕組みや、傾聴に努めて発言を促し話を整理するファシリテーションという手法も大いに活用できます。章末インタビューで福岡市の今村寛さんがお話しされていることを、ぜひ参考にしてみてください。

　ここでのポイントとしては、はじめからオフサイトミーティングやファシリテーションという言葉を使わずに、「ちょっと真面目な雑談」という感じで、その実（成果）をもたらす手法を自然に職場へ浸透させていくことです。こういったことへの職場の理解はそれぞれ違うでしょうし、新しいことをする際に慣れない人がいるのは当たり前のことです。焦らずにゆっくりと、関係性づくりを進めていきましょう。

コラム：職場に「お楽しみ」を

　また、職場の関係性づくりとしては、ほかにも懇親会などによる親睦が
あげられます。「飲みニケーション」も大切ですが、皆それぞれの生活が
ありますし今はコロナの影響もあり、頻繁に行うことは難しいでしょう。
そこでおすすめなのが、職場に小さな「お楽しみ」をつくることです。

　私の場合は、ちょっとしたお菓子を配ることが楽しみになっています。
クリスマスなどの季節のイベントや大きな仕事が無事に終了した時などに
お菓子を用意して、一緒に働くメンバーに配ります。人数にもよりますが
できたら手渡しで、メッセージやギフトシールをつけてみてもよいです。
それだけで皆が喜んでくれて、笑顔のコミュニケーションが生まれます。
そのうちお返しをいただいたり、このお菓子文化が広がっていったりと、
笑顔溢れるコミュニケーションが次々に誕生していきます。こうしたこと
の繰り返しが職場の関係性づくりにもつながっていくと考え、日々楽しみ
ながら実践しているところです。

職場編：インタビュー

対話で導く職場づくり

今村寛（いまむら・ひろし）さん
福岡県福岡市交通局総務部長。財政調整課長時代に、庁内の
職員を対象として行った「財政出前講座」が評判となる。この講座に対話型自治体経営シミュレーションゲーム
「SIMULATION2030」を交えて発展させた「出張財政出前
講座」は全国各地で開催され、多くの自治体職員がこぞって
参加している。また、福岡市職員を中心としたオフサイト
ミーティング「明日晴れるかな」を主宰し、職場や立場を離
れ自由に語り合う対話の場づくりを進めている。

——今村さんは、出張財政出前講座の講師として全国でひっぱりだことなっています。そのきっかけは何だったのですか？

　財政調整課長の時に、庁内向けの「財政出前講座」を希望する各部局で開催し、4年間で約80回、約2000人の参加者を得ました。講座をはじめたきっかけは、市の財政健全化プラン策定の必要性を職員向けに周知する際に、ある職場の若手職員から「難しい話だから説明に来てくれると嬉しい」と言われ、出向いたことからです。出前講座の名のとおり、注文がある人は呼んでください、というやり方はとてもよくて、頼んだからにはウェルカムな感じで迎えてくれますし、こちらが少々難しい話をしても、真剣に聞いてついてきてくれました。

　出前講座は口コミで広がっていったのですが、最初の頃は、オフサイトミーティング（OM）※をきっかけに知り合った職員たちが、依頼の声をかけてくれました。出前講座の半年ほど前から、OM「明日晴れるかな」をはじめていたので、私自身、肩書きや役職に関係なく話をすることに慣れてきていたところです。出前講座においても、財政調整課長とはいえ偉ぶらずに、敷居を低くして参加しやすいようにするなど、常に気配りを心がけていました。

　経済観光文化局の部長時代には、部内4課40人の職員融和を図るため、

勤務時間内での対話、意思疎通、情報交換の場として月1回「話金の会」を<ruby>話金の会<rt>ハナキン</rt></ruby>をはじめました（次年度は、木曜開催として「話木の会」に変更）。部内で建物が分かれていたこともあり、もっと顔の見える関係をつくろう、とにかく頻繁に会う機会を持とうという思いからです。毎月最終金曜日17:00～18:00の時間を、表向きには職場内ミーティングとして、部内の半分でも3分の1でもいいから集まってみんなで話そうと、業務として行いました。

　最初のうちは自己紹介のゲームなどからはじめて、そのうちにお互いの課の課題を発表し合ったり、現場見学に発展するようになり、最後は、現場の課題をみんなでブレストし合う会議に成長しました。毎回の企画については、4つの課の係長を当番制にしてお願いしたところ、それぞれが考えて調整してくれました。私は最初にゲームを提案したくらいで、後は見ているだけ。ワールドカフェも何度も行ったので、みんながワールドカフェをできるようになりましたね。

　結果的に、職場外・時間外にやっていたＯＭ「明日晴れるかな」を、職場内・時間内に職場のコミュニケーションツールとして行ってみた感じです。このほかにも、政令指定都市局長会議での局長同士のワールドカフェや、大学の講座と連携した大学生と企業経営者の対話の場など多数の場づくりを経験し、そこでもワールドカフェをはじめとする対話の場の運営ツールを気軽に使えるようになりました。こうした土壌ができたのは「話金の会」のお陰です。

──職場で場を設けるときには様々な不安があります。そこで参考になるような、今村さんならではの心構えや手法などについて教えてください。

　特に若い方へ伝えたいのは、とにかく場づくりをやっているところに自ら出かけていって、ワールドカフェやいろいろなコミュニケーションのゲームに参加して、場づくりの雰囲気に慣れていこう、ということ。今は、NPOや市民活動、趣味で集まるグループなどでも、様々なテーマで場を設け、参加者も広く募っています。まずはそこで、自分で練習してみるといいですね。

　また、場づくりをするときには、「ミスがないか」、「トラブルが起きない
か」といった不安もあると思います。でも、オペレーションは失敗したって
迷惑にはならないし、少しぐらい進行や時間がずれても大丈夫。一番大事な
のは、「その場をどんな場にしたいのか」ということをブレないようにする
ことです。予定通りできなくても、目的が達成できればよい。その場に求め
ているものは何なのか、場の目的、場の達成のゴールを言語化してみる。
「参加者がどうなれば、いい場なのか」ということを確認し、上司とも共有
できるとよいでしょう。

　気が乗らない会議のときにも、まず会議の意味を考えること。何のために
やるのか、それが明確化できれば、そこに向かってやりがいも生まれるし、
目的が達成できたかどうかの検証もしやすくなります。そして「意味の明確
化」ができたら、今度は実現するために「意味の最大化」をしてみる。目的
を最大にできた場合とはどういう状態だろう、それをどのようにすれば実現
できるだろうと考えていきます。こうした思考訓練は、与えられた仕事でよ
り多くの成果を出す際にも役に立ちます。

　それから、ワークショップの鉄則で、チェックインとチェックアウトとい
う言葉があります。「今日、何をしにきたのか」というのを最初に考えても
らい、「今日、何をしたのか」ということを最後に考えてもらう。私の出前
講座でも、「今日、聞きたいことは何ですか」と最初に聞いて、最後には
「今日、思ったことをグループの中で話し合って」もらいます。

　そして、その後「種明かし」をします。場づくりには必ず目的がある。だ
からその目的を「今日はこんな場だったんですよ」と明かしてみます。する
と参加者は、今日感じたことが腹に落ちて、場を出た後も効果が持続する。
これが成果だ、というものを持ち帰ってもらうことは大切です。このような
プログラムを、場づくりを行うときには意識しておきましょう。

——場づくりのひとつである、仕事場の雰囲気づくりについて、上司として部下に対して、どんなことに気を付けていますか？

　私が若い時に一緒だった部長は、朝コーヒーを持って部署をうろうろし、部下の横で何十分と雑談をする人でした。当時は「仕事に集中したいけれど部長の話も遮れない」なんて思っていましたが、今私も同じことをやっています。私が今いる部長室は個室なので、コーヒーをいれた足で自然にフロアに出て、若手に声をかけて一通りの課をまわることを、1日1回はしています。上司から部下に声かけや働きかけをしないと、職場の雰囲気ってよくなりません。若手から、部長と話したいと言われるとすごく嬉しいので、そう言ってもらえるよう、敷居を下げる心がけをしています。

　それと、財政調整課長のころから自分の部署の「運営方針」を独自に作成し、毎年度はじめに部下に配っています。「職員を大事にしますよ、職場の風通しをよくすることに努めますよ」ということを宣言するためです。言動の心がけとしては、怒ったり、叱りつけたりということはせず、指導すべきことがあっても、相手の頑張りはしっかり認めてあげるようにしています。

　上への報告をする場合には、素案を不十分なままでも持ってきてもらいます。課長で完結する仕事はあまりありませんから。部長に上げ、局長に上げ、場合によっては市長まで上げなくてはいけません。課長の段階で100%の満足を求めたってしょうがない。課長の時は、部下に「6割できてれば持ってきていい」と言っていました。そのことで部長や局長に怒られるなら、それは中間管理職の仕事だと割り切っています。

　職員の場づくりのスキルを高めるために、上司としての立場にある人に伝えたいのは、職員が職員同士で場をつくる練習、身内だけで練習できる場をつくってあげられるといい、ということです。失敗しても誰も責めない場をつくり続けること。例えば、週1回でも、課の朝ミーティングでもいいし、業務連絡会議などを若手に仕切らせてみるのもよいでしょう。

——職場での場づくりを通して、嬉しかったことや得たことはありますか？

　前述の話金の会におけるワールドカフェのように、「みんなができるようになる」というのはすごく嬉しいことです。自分がいなくても、場づくりを通して、みんなで場をまわせるようになった。できると使ってみようという気になる。みんながそういった成長をしてくれました。仕事だけでは、このような成長の場を与えることは難しいので、とてもよかったです。

　場づくりを通して、私自身が成長できたこともたくさんあります。自分は話す側から聞く側にもなれたし、場に参加して自分を表現する側から、表現してもらう場を設ける側に変われました。場の中でみんながイキイキと活躍できるような場まわしをできることが、今の自分の喜びですし、次の展開として、そんな場まわしができる人をたくさんつくっていきたいです。

　それから、「議論」ではなく「対話」が大事ということにも気づきました。最終的には結論というのは1つしかなくて、みんなが100％賛成できることはない。それでも納得し、満足するためには、「対話」が必要なのです。対話の中で双方自分の意見を言って、お互いにどこが歩み寄れてどこが違うのかを理解する。こうしたプロセスを経ておくと、結果が反対になっても文句は出ません。だから普段から対話に慣れておく。「今は結論を出さない場だから、お互いに言い負かすことはやめましょう」というような対話のグランドルールを身につけていかないと、対話ははじまらないし続かないのです。議論の前に対話があり、対話のルールをみんなが体得している。対話でワンクッション置いてから議論に入る。そういった文化に変えていきたいと思っています。

——最後に、「場づくり」は自治体職員にとって、どんな意義があるとお考えですか？

　様々な立場の多様な意見を、集約して調整しながら、ものごとを進めていくのが我々自治体職員の役割です。関係部署との調整もそうですし、住民や

業界など、みんな違った意見があるのが当たり前で、それを1つの方向に導いていくのが仕事です。その仕事をうまく進めていくためには、場づくりのノウハウが必須になります。持っていないと仕事にならないはずです。今はどんな場が必要だ、だからどういう目的でどんな場を設定しなくてはいけない、ということを常に考えられる職員であるべきだし、それが実行できる能力が必要になってきます。

　問題は、どうしたら場づくりができるようになるのかですが、これは参加して体得していくほかありません。だから、たくさん場に参加して、「こういう場だったら、こういうふうになるのね」といったことを山のように仕入れていくことです。中には「今日の場は面白くなかった」、「パネルディスカッションがイマイチだった」という時もあるでしょう。そこも反面教師にして、なぜそうなのかフィードバックをしながら、「自分がやる場合はこうする」と考えていけると、自分が実践する時にすごくうまくいきます。

　場づくりは自治体職員に絶対に必要な要素です。「とにかく体験して勉強してみよう！」というのが私からのメッセージです。

※オフサイトミーティングとは、仕事場を離れた場所や環境で、「気楽にまじめな話をする」ことをコンセプトとする会議手法。この手法を用いて場を設ける会であることを意図して、グループの名称とすることもある。

> 　財政出前講座で著名な今村さんの職場での場づくり。職場内オフサイトミーティングを通して対話の文化を丁寧につくりあげていくことは、今後ますます必要になることだと感じました。場づくりは自治体職員に絶対に必要な要素とのメッセージ、場づくりに関わりたいという本書の読者にとっても、力強いエールとなるでしょう。（助川）

第2章

地域にどう関わるか！
現場編

「業務上 × 対地域」の「現場」では、実際に地域の人たちと協働して業務を進めていくといった場づくりを行います。具体的には、地域活性化のイベントや地域課題解決に向けた話し合いの場などがあげられます。自治体の組織には、地域と直接の接点がない業務もあり、特に都道府県庁はその傾向がみられます。しかし多くの業務では、地域との協働は切っても切れない関係です。こうした現場の場づくりのために、どのような悩み・不安を越えていく必要があるのでしょうか。

現場における場づくりの悩み・不安		
地域の人に受け入れてもらえるのか？	地域への 入り込み方	1 節
信頼関係を築くには？		
協働を進める際に気をつけることは？	地域での 協働事業の実践	2 節
地域の人材の探し方は？		
参加者はどう集める？		
合意形成のためにはどうしたらよい？		
地域との関係を上司や関係部署にどうつなげるか？	地域と役所を つなぐ	3 節
予算が取れない、そんな時は？		
異動したら何も残らないのでは？		

現場では、自治体職員はその立場を背負って地域に入っていくことになります。「職員としての自分は、地域活動の実践者である現場の人たちに受け入れてもらえるのか、信頼関係は築けるのか」といった不安は誰もが多かれ少なかれ持っています。そこで1節では、どのようにして地域に入り込めばよいのかをお話しします。

　そして、住民との協働はいまや自治体の業務の進め方として一般的になっているとはいえ、いざやるとなると「協働はどう進める？」「地域に人材はいるの？」「参加者はどう集める？」「合意形成はどうする？」といった懸念も出てきます。2節では、地域における協働事業の実施について、その心がまえや手法について考えていきます。

　また、上司や関係部署の考えと、実際の現場の状況との乖離に悩むこともあるでしょう。予算がなくても、どうしても進めたい事業があるといったことも起こります。「上司や関係部署にはどうつなげる？」「予算が取れないときはどうするのか？」といったお困りを解きほぐすヒントとなる、庁内でのふるまい方や現場のネットワークづくりについても、3節でお伝えします。

1節　地域への入り込み方〜信頼関係を築くには

　「現場の中にうまく入っていけるのか？」「地域の人に話を聞いてもらえるのか？」「話し合いはできるのか？」といった悩みは、現場の場づくりにおいて一番不安に思うことかもしれません。自治体職員は業務として関わる以上、譲ってはいけない立場があり、公平性や機密性の観点から明かすことのできない情報を持っていることがあります。そうした中で、自分の立場と思いとがうまく噛み合わないときもあるでしょう。地域の人から見ても、過去の経験や持っているイメージから「公務員は敵だ。公務員はどうせ何もしない」と、一方的に身構えられてしまう心配もあります。そのようなときは、どうしたらよいのでしょうか。

　まずは現場を知ること、そして自己開示を通して、自分を知ってもら

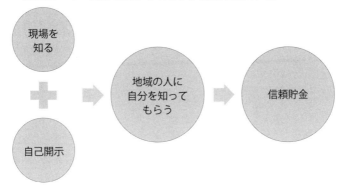

図表2-1　自分を知ってもらい、信頼を築くには

現場を
知る

自己開示

地域の人に
自分を知って
もらう

信頼貯金

い、信頼を築くことが大切です（**図表2-1**）。

◇現場を知ることからはじめる

　最初に、現場を知ることについてお話します。

　自治体職員が地域の状況を把握するときには、資料やデータから読み取ることが多くなるでしょう。前任者からの引継ぎ資料などが丁寧に残っていると大きな手助けになりますし、今はネットの情報も充実しているので、ほしい情報をすぐに検索することができます。地図のほか、航空写真やストリートビューを使ったまちなみや地形のチェックも有益ですし、人物に関しては記事や動画も見つけられます。事前に下調べをしておきましょう。

　とはいえ、現場は生モノであり、資料だけでは知ったことにはなりません。やはり、その場を体感すること、自分の五感で触れることが重要です。情報には、数値や文字情報といった「意味の明確な情報」とともに、そこに至るまでの背景や、そこにいる人たちの気持ちといった、感覚的な「言語化しにくい情報」があります。前者の情報は、既存データやネット検索で得ることができますが、後者の「言語化しにくい情報」は、自ら実感して会得するほかありません。具体的には、気負わずに何度もその場所を訪ねたり、実際に地域の人たちと他愛もない話で笑い

合ったりして，その地域の雰囲気を体感してみます。「事前に資料で調べた時に受けた感じとどこかが違う」といったような小さな気づきの蓄積が，その後の業務やつながりに必ず活きてきます。こうした非言語化情報を持ちながら，地域の人とのやりとりを行えるかどうかによって，現場におけるコミュニケーションの質が変わってきます。自らの肌感覚で知ることがとても重要なのです。

◇自己開示を通して知ってもらう

　次に，自己開示を通して地域の人たちに自分自身を知ってもらいます。対人関係を円滑にするために自己開示はとても効果的だと言われますが，地域の人に向けてはどのように自己開示するとよいのでしょうか。

　私たちにとって，地域の中のことがよくわからないのと同様に，地域の人にとっても自治体職員という存在はよくわからないものなのです。それゆえ何となくイメージで，「公務員は真面目で堅物」，「どことなく怖い感じがする」，と思われていることが多々あります。実際は公務員も職務を離れれば「一市民」であり，公務員と地域の人は同じ「人間」です。コミュニケーションをとるときにも，公務員は何かと優等生的な回答をしがちですが，そこで気負わずに自分の喜怒哀楽を少しだけ表に出してみたり，プライベートなことを話してみたりすることで，一気に心の距離感が縮まります。

　地域の人たちの前で自己紹介をする機会もあるでしょう。そんなときは，出身や経歴を具体的な「地名」を盛り込みながら話してみることをおすすめします。生まれ育った地域以外でも，学生時代に過ごした街，親の出身や先祖のルーツなど，地縁という観点で自己開示をすることで，誰かと何かしらの共通点が見つかって，興味を持ってもらえることが多いです。入り込む地域との共通項になるようなものごとをピックアップしてみるのも，親近感が湧くきっかけになります。

　さらに自分を知ってもらう手法としては，地域のイベントに積極的に足を運び，そこで見知った人がいたら声をかけてみるとよいでしょう。

地域では様々なイベントを実施しています。そのイベントに少しでも顔を出すと、「役所の人が来てくれた」と皆さん笑顔で迎えてくれます。基本的にイベントは非日常であるため、地域の人の気持ちも高揚しています。仕事は一旦横において、ぜひ楽しくコミュニケーションをとってみましょう。イベントに出向いて少し話をしただけなのに、その後仕事でその人と接したときには、ぐっと距離が縮まっていることを実感できます。

また、イベントでお会いした際に名刺交換をしていたら、後にお礼のメールをお送りするのもよいアクションです。当日撮影したイベントの様子、特にその方が写っている写真を添付して送ると喜んでいただけます。違う立場の人だからこそ、こうした何気ないやりとりから、コミュニケーションの総量を増やしていきましょう。

もしあなたがSNSを使っているなら、そのイベントについての投稿もぜひしましょう。投稿はイベントのPRにもなります。そして、自分のSNSに地域のネタを書き、地域の人とのコミュニケーションを増やしていくうちに、あなた自身がどんどん「地域のことが自分ごと」になってきていることに気がつくはずです。

◆信頼貯金を貯めよう

地域の人たちに自分を知ってもらっても、単なる「知り合い」から「仲間」になっていくには　信頼関係が不可欠です。信頼関係はどのような人間関係においても重要なものですが、特に立場の違う人と構築する際には、丁寧にじっくりと築いていくことがとても大切になります。信頼関係は「貯金」のようなもので、焦らずに時間をかけて、コツコツとコミュニケーションを重ねていくことで、少しずつ貯まっていきます。

私の場合は、現地にちょこちょこ顔を出す、誰にでもきちんと挨拶をする、お礼は丁寧に早急に伝える、といった小さな行動の積み重ねが、「信頼貯金」につながっていたと実感します。

この信頼貯金は、お金のように貸し借りのイメージで表現できる部分

があります。迅速な回答やイベントの積極的な参加など、頼まれごとに応えていくと「貯金」は貯まり、こちらからのお願いを繰り返すと、「貯金」は減っていきます。もちろん、信頼関係を即物的に考えているわけではありません。ただ、一方的にお願いしているばかりでは、なかなか貯まっていかないものです。「頼まれごとは試されごと」と捉えて積極的に応えていきましょう。

　また、自分にとっても相手にとっても楽しいコミュニケーション技法の１つとして、その地域のよさや感じた魅力を「文字で伝える」ということがあげられます。例えば私は、各地の集まりに招かれたときには、当地の人へのお礼として、「当地の魅力を自分なりに伝える紙芝居」を披露しています。その際には単なる「有名どころ」の羅列にはせず、「私の考える魅力」として、自分が心から魅力的だと思うものごとをピックアップし、それに関する自分のエピソードも盛り込んで、内容をつくっていきます。すると、自分にとっても地域の人にとっても、お互いに当地の魅力を再発見するツールになるのです。簡単にできるものなので、手法の１つとして皆さんもぜひご活用ください。

◇時間がかかる？　時間をかける？

　地域の人を巻き込みながら、協働で事業を進めていくこと。それは、小さな行為の積み重ねの結果ですので、信頼関係構築にはとにかく時間がかかります。ですが、ここは「時間をかける」ものと捉えてじっくりと進めていきましょう。現場を知り、人を知り、そして人とのつながりから事業を組み立てて運営をしていく。一連のプロセスを大切にして、着実に進めていくのです。「時間がかかる」というとネガティブに聞こえますが、信頼関係をつくるのに「時間をかける」だけの価値は確かにあります。時間をかけられる環境があるかどうかは外的要因にも左右されますが、心がまえとして持っておきたいことです。

2節　地域との協働事業の実践～合意形成に向けて

　いよいよ、地域との協働事業を実践していく段階の不安・悩みを考えていきます（**図表2－2**）。若手職員が抱きやすい不安や悩みではありますが、それまでの職務経験によっては中堅職員でも関心の大きいところでしょう。

◆お互いの「文化」の違いを理解する

　協働事業を進める際にまず気をつけたいこと、それは地域と役所の「文化」の違いを理解することです（**図表2－3**、次頁）。多くの人が、地域と役所の違いとして感じるのは、まず、組織の形態や時間の捉え方です。現在は、役所でも組織のフラット型が進み、一方地域でも組織が階層化されている例もあり、組織の形態として差が縮まる向きもありますが、大きな流れとまでは言えません。もちろん地域差はありますが、両者の間には依然として互いが驚くような違いがあります。

　一番大きな違いとなるのは、決め方が違うということです。地域では、個人個人が意思を持って動いているので、全体で決める前から各々で動いている場合があります。これは地域の魅力でもありますが、ときにものごとが混乱したり、もめる原因にもなりかねません。だからこそ

図2－2　協働事業の悩み・不安

段階	悩み・不安	解決のための考え方
心がまえ	協働を進める際に気をつけることは？	「文化」の違いを理解しましょう！ 組織形態・時間の捉え方
準備	人材はいるのか？ どうしたら見つかる？	地域に人材は必ずいます！ 情報発信やアプローチ手法
	参加者をどのように集める？	声かけの手法と作法を確認しましょう！ 相手方への配慮
合意形成	合意形成のためには？	目的に応じた手法を取り入れましょう！ 気をつけたいポイント

図表 2 － 3　地域と役所の「文化」の違い

―――――――＜地域＞―――――――

合意形成（フラット組織）

○基本的に、個人個人が意思を持って動く
○合意形成のルールは明確に定めていない地域もある

暗黙知

○慣習や持ちまわり（時に何となく）の地域での決め事がある
○文字情報では共有していないことが多い

生活・生業の時の流れ

○生活や生業重視の、ゆったりとした時の流れ
○地域差はあるが、緊急時以外、急いで何かを決めることは少ない

―――――――＜役所＞―――――――

意思決定（ピラミッド組織）

○レクチャー、起案・決裁
○意思決定者が決めるまでは動けない（動かない）

形式知（様式・手続）

○文字情報で残し、伝える
○定型的・様式に従った紙ベースのやりとり（手続）

スケジュール・年度

○組織としてスケジュールを持って事業を推進
○年度の縛りは絶対で、3月に事業や業務が立て込むこともある

みんなが納得して決めていくという合意形成が必要となります。逆に、役所では上からの意思決定がなされないと動けませんので、既に地域で合意がされているのに、役所の決裁に時間がかかってしまい、地域から「あの職員は何をやっているんだ」と言われてしまうこともあります。

　また、時間の捉え方やスケジュール感覚にも違いがあります。役所では「年度」のくくりで組むスケジュールは絶対的なものです。何事も年度で考え、つい年度末は焦ってしまいがちですが、その感覚は地域には理解しづらいことでしょう。

　なおここでは、どちらがよいか悪いかということを伝えたいわけではありません。ただ、こうした文化の差を埋解しておくことで、事業を進める際に起こりえる、思い違いや行き違いを少なくすることができます。

　私自身も、地域のリーダーと約束すれば、それで地域の合意はとれたと勘違いしていたことがありました。もちろんリーダーとの話し合いは

大切です。でもその背後には、個人個人としての意思を持った、多数の地域の人たちがいます。それを心に刻んで、協働を進めていきましょう。

◈ 地域の人材の見つけ方

　協働事業を進めようとする際によく聞かれるのが、「うちの地域には人材がいない」といった声です。私自身、かつて地域に携わりはじめたころには、同じように嘆いていました。けれども、「地域に人材は必ずいる」と今でははっきりと断言できます。

　では、どうやって見つけたらよいのでしょうか。とにかく情報発信を充実させて、様々なアプローチの仕方で探していきます。大切なのは、こちら側から強く求めて、アクションをしていくことです。

　情報発信では、1人でも多くの地域の人の目に留まるように、相手の立場になって見せ方を工夫します。地域の人たちに興味を持ってもらえるよう、地域で今求められているものごとを提供したり、地域側が自分たちでやりたいことを自ら提案できるような仕掛けをつくったりして、とにかく役所に目を向けてもらいます。そういったことをしていると、人材は集まってくるものです。

　その上で、地域の鍵となるような人材にアプローチをしていきます。実際にアプローチしていく際には、担当課以外でもその地域をよく知る職員や関わりのありそうな職員にあたってみると、いろいろと教えてもらえたり、個人的なつながりを活かして間を取り持ってくれたりすることもあります。自治体職員こそ、地域に関する豊富な知識を持ち、地域の重鎮ともつながっているなど、実は情報の宝庫であることが多いのです。灯台下暗し。地域とともに役所内にも目を向けてみましょう。

　また、地域の人材を探し、出会っていく際の留意点として、様々なリーダーのタイプがいることを理解しておきましょう。SNS等で自分の思いを常に発信しているいわば「動きのあるタイプ」の人材は、目立ちますし比較的出会いやすいものです。一方、地べたに根を張って、地道な活動を続けている「静かなタイプ」の人材も地域には数多く存在し

ます。中には、役所に期待していない人もいて、心を開いてくれるまでには時間がかかります。それでも、このような静かなタイプの人が本気になって、一緒に事業を進めてくれるようになると、本当に心強いものです。何事も目立つ人材につい目が行きがちですが、静かなリーダーも見過ごすことなく、協働を目指していきましょう。

◇人を集める声かけの手法と作法

　地域で行う事業では、ワークショップやイベントの開催など、とにかく参加してくれる人が集まらないとはじまらない、といったものも多々あります。参加者が集まるのかどうかは、いつでも不安の種です。

　人に集まってもらうためには、早めの告知、訴求力のある内容、リアルとネットを組み合わせたPRの方法、個別の声かけなど、様々な手法があります。集客に一番効果が高いのは、個別の声かけです。その際に気をつけたい作法を、**図表2－4**にまとめました。

　SNSやメールで声かけをする場合、同じ文面で一斉に連絡してしまいがちです。できれば連絡の際には一手間加えて、その人個人の宛名で呼びかけるとともに、相手方への私信を一言を添えてはどうでしょう。「先日はお話いただきありがとうございました。」といったお礼や、相手のSNSなどで近況をチェックし、その話題に触れるのもよいでしょう。

　次に気をつけたいのが、声かけの頻度です。声をかけること自体はよいのですが、何度も連絡をすることは逆効果になる可能性があります。声かけのタイミングは、その時の状況や相手によっても変わってくるので一概には言えませんが、イベント告知を出した直後に早めに1回、締切の直前にもう1回の、2回程度が理想です。相手にとっても、早く教えてもらえれ

図表2－4　声かけの作法

メールやメッセージで 声かけするときの注意点
☐ 一言の添え書き
☐ 告知直後と締め切り前
☐ 断られたとき
☐ お断りは早めに、礼を失しない

コラム：Facebook の効果的な使い方

　ここで、定員を設けて参加者を募るイベントを周知する際に使えるテクニックを１つお教えしましょう。Facebook のイベントページを使う方法です。イベントの規模や形式（オンラインでも）を問わず活用できます。

　まず、イベントページには５Ｗ１Ｈをしっかりと整理し、内容を端的にわかりやすくまとめます。さらに、掲載する写真をうまく選んで訴求力を高めていきます。そして、イベントページを公開したら、一緒に動いてくれるメンバーで一斉にシェアをします。みんなで投稿を重ねていくことでお祭りのような雰囲気を出して盛り上げていきます。一度イベントページを出した後も、詳細情報や追加情報などをコンスタントにアップし、イベントを埋もらせずに、常に動いている感じを出します。これによってイベントの存在感と期待度を高めます。また、締切効果も活用します。具体的には、募集定員の枠を実際より低く設定し希少感を高める、締切を早めに設定するなどといった少しあざとい方法が考えられます。

ば予定を立てやすく、直前にあらためて連絡をもらうことで、うっかりと失念することが防げます。

　では、個別の声かけで参加をもちかけた相手から、お断りの連絡をいただいてしまったときはどうするか。期待していた分、少し残念で落ち込みます。しかし、言いづらいであろう断りの連絡を勇気を出してしてくれたのですから、そこは丁寧にお返事をしましょう。「ご連絡に感謝します、是非また。」という感じです。しばらくお目にかかっていない人には、これを機に軽く近況などを尋ねてみてもよいかもしれません。イベントへの参加とはならなくても、そこからまたやりとりが生まれることも多いです。

　逆に、相手からいただいたお誘いをこちらが断らなくてはならないときは、とにかくレスポンスを早くすること、相手の立場に寄り添い、礼を失しないことが大切です。自戒の念をこめて、常に気を配りましょう。

◇合意形成のための手法やポイント

　さて、実際に現場での場づくりとして地域で効果的な合意形成を進めていくためには、どうしたらよいのでしょうか。ここでも、目的に応じた手法を取り入れることが大切です。１章でお話ししたように、アイディア出しといった「発散」を目的とするならワークショップの手法がよいですし、意思決定といった「収束」を目的とするならば、ワークショップに加え、別途決定のための委員会組織を設けるといった手法があります。それぞれ、ワールドカフェやＫＪ法、リスク評価、場合によっては個別調整のツールを状況に応じて使っていくことになります。

　またいずれでの目的にも共通しますが、話し合いの基礎となる手法として「ファシリテーション」が重要になってきます。ファシリテーションというと、ワークショップでのアイディア創出の手法だと捉えられがちですが、実際には会議の進め方や、いかに合意を得るかといった手法も編み出されています。中でも発言を促したり制したり、議論の流れを整理するという、合意形成を図るための手法は大いに参考になります。研修をはじめ、各種書籍もありますので一度ファシリテーションを学ん

図表２－５　地域における合意形成の際に気をつけたいポイント

問題	対処法
ワークショップなどの合意形成の場に人が集まらない	事前の声かけを徹底 キーマン（顔役）からの連絡を依頼 終了後のフォロー （出席・欠席にかかわらずメール連絡など）
集合時間に遅れる参加者が多い	「地域時間」として理解 時間どおり集った参加者へのフォロー
長々と話す参加者がいて話が進まない	グランドルールの確認 ファシリテーション技術の応用
反対意見が論理的でない、感情的であり対処が難しい	感情論も傾聴に努める 進行の妨げになるのであれば一旦休止も検討
ワークショップの場ではまとまったけれど、別の場で違う結論になる	議事内容の共有 コミュニケーションを密にし、情報を随時把握し細かくフォローする

でみることもおすすめです。

　図表2－5では自治体職員として地域で合意形成を進める際に気をつけるポイント、問題と対処法について、特に職員間でなされる意思決定との違いを中心に整理をしました。繰り返しますが、文化の違いを理解して、コミュニケーションをこまめにとっておくことが肝心です。

3節　地域と役所をつなぐ～現場のネットワークが力に

◆現場の思いを役所につなげる

　地域の人たちと一緒に、現場でともに汗をかくようになってくると、役所内の上司や関係部署の考え方と、実際の現場の状況との乖離に悩むようなことも出てきます。現場の思いを大切にしながら、自治体職員として協働事業などを進めていくためには、役所の中でも多方面に配慮をしながら振る舞っていくことが必要になります。

　例えば、財政課などの管理調整部門との連携が難しい、上司に現場の思いをうまく伝えられない、こうした悩みを持つこともあるでしょう。職場の人たちを味方につけて、地域の事業を円滑に進めていくためにはどのようなことに気をつけたらよいのでしょうか。

　1つは、1章でもお話ししたような、職場の関係性づくりを日ごろから行っておき、職場の場づくりをしっかり整えておくことです。上司や同僚への「報・連・相」をはじめとする日々の心がけや、関係部署との「顔の見える関係」が活きてきます。

　2つは、あなた自身が、地域の人たちと上司や他部署の職員とをつなげていくことです。具体的には、上司たちを現場に連れて行き、地域の人たちとの接触の機会を増やしていきます。現場を見て、実際の相手と対面してもらうこと、これをするのとしないのとでは、事業の進み方が大きく変わってきます。場合によっては、地域の人たちに役所に来てもらい、上司や関係部署と顔を合わせて、現場の話をしてもらう方法もあります。章末インタビューに登場します茨城県小美玉市の中本正樹さん

は、地域協働を推進していくときの、上司や関係部署に対する配慮に優れています。詳しくはインタビューページをご覧ください。

　最後は、現場と職場の「通訳者」としての心がまえを忘れないことです。前述のとおり、地域と役所では「文化」が違います。時には対立することもあるでしょう。そういったときには、文化の違いを踏まえて、お互いの論理や思いを理解してもらえるよう心がけます。その上で結節点を見つけて、解決の突破口を開いていきます。こうした現場と職場をつなげる存在、いわば「通訳者」としての立ち位置で、地域と役所の間を立ち回り、事業を進めていくことが大切になります。

◇予算がないときはどうするか

　「予算がない（額が少ない）けれど、どうやって事業を進めていけばよいのか」という悩みもよく耳にします。そのような中で、現場での場づくりを進めていくにはどうしたらよいのでしょうか。まずはじめに考えるのは、次年度の予算化です。そして、地域が自ら資金を獲得するクラウドファンディングなどの方法もあります。

　しかしここでは、資金がなくても事業を進めるため、役所がすでに持っている力に目を向けてみましょう。それは「認証力」と「広報力」です。そしてその力を発揮するために必要になるのが「現場のネットワーク」なのです。

◇役所の持つ力～認証力と広報力

　行政だからできること、行政にしかできないことがあります。

　その１つは認証力です。いわば、お上が認める力、「お墨付き」というものです。ここでは、法令に基づく許認可ということではなく、県や市町村が「これはいいですね」と価値を認めることが、地域にとっての励みとなり、地域がよいほうに動いていくということを考えます。

　「行政が価値を認めること」を活かす方法としては、コンペ方式の提案事業や表彰事業など、低予算で事業化を進められるものがあり、様々

な協働事業に応用ができます。54頁に私が携わった事例を紹介していますので参考にしてください。また、自治体職員が地域のイベントに顔を出すと地域の人に喜んでもらえることも、役所の小さな認証力の発揮だと言えるでしょう。こちらとしては職業を笠に着るつもりはありませんが、認証力としての側面が感じられます。

　もう1つは、広報力です。認証力にも関連しますが、行政が出す情報というのは、マスコミも注目してくれます。地域のよい情報、楽しい情報をどんどん提供していきましょう。すぐにできる具体的なアクションとしては、記者クラブへの資料提供や自治体のホームページ掲載、公式SNSでの発信があります。シティプロモーション部署と連携して進めると効果が上がります。

　私が商店街担当の時には、コンペ事業で選ばれた商店街のイベント情報などを記者クラブに持ち込んでPRをしました。商店街の方からも「マスコミに取り上げられたことで、自分たちの活動が認められたようでやる気がでた」、「隣街の活動が新聞に載ると、自分たちも頑張らねばと奮起した」といった声を聞き、広報の持つ力の重みを実感しました。

　ちなみに、4章で紹介する、業務外のネオ県人会についての情報を、情報発信として記者クラブに投げ込んだこともありました。しかしその時のマスコミの反応はゼロで、行政の持つ力を痛感したところです。

◇現場のネットワークづくり

　このような、役所が予算以外に持っている力、特に広報力を活用していくためにも、地域の人たちとのつながりは不可欠です。担当者個人がハブとなり、情報発信や人との"つなぎ"を行っていくこと、地域の人たちとの"ゆるい"ネットワークをつくっていくことが求められます。

　では、ネットワークづくりは、どのように行っていったらよいのでしょうか。例えば、Facebook等のSNSを使ったグループ化、定期的な勉強会や会合の設定などは考えられる具体的な方法です。

　少し古い手法かもしれませんが、1つご紹介したいのは「メールマガ

ジン」です。

　私は、地域の人と名刺交換した後には、お礼のメールを欠かさずに
送っていました。そしてこのつながりをどうにかして残し、保ち続けて
いきたいと考えて、メールマガジンの発行を実行しました。メルマガを
通して、私をハブとしたネットワークをつくれないかと考えたのです。
メルマガでは、県の施策の内容についてや、直近の地域イベント案内と
いった、広報紙に掲載される類いの情報を、ご縁ができた人たちにＢｃ
ｃでお送りすることにしました。一県庁職員による、不定期のメルマガ
です。

　最初は送っても何の反応もなく少し落ち込みましたが、ご縁を保つこ
とが目的だと考え、何かしらの新情報を探しては送り続けていました。
何回か繰り返すうちに、ぽつりぽつりと返信が入るようになりました。
情報提供はありがたい、他の地域が今何をしているのかがわかると刺激
になる、とのこと。反応をいただき、気をよくしてさらに続けている
と、この情報を載せてほしい、うちのイベントもぜひ紹介してほしいと
いった、積極的なお話をいただくようになりました。「発信することで
情報が集まる」ということを実感した出来事でした。メールという手段
は、誰もが使用している、一方的に送られてきても特に抵抗がない、と
いった長所もあり、まだまだ活用できると思います。また、ＳＮＳやブ
ログ、ミニコミ誌など同様に展開できる媒体は少なくありません。

◇答えは現場にある

　さて、自治体職員にとって、地域の人たちとネットワークがあること
は、どのような力となり、意義を持つのでしょうか。

　一番大きな意義、それは、業務や施策立案などの「答え」を見つけら
れることです。まさに「答えは現場にある」のです。

　地域に入り込んで、地域の人たちと一緒になって事業をしていると、
自治体の施策についての意見を、ダイレクトに聞くことができます。そ
れは検討会や勉強会など事業に直結する場面で話されるかもしれません

し、雑談やゆるい相談からかもしれません。いずれにせよ、仕事で頭を悩ませる「答え」を直にもらうことができるのです。とはいえ、その答えは一朝一夕にもらえるわけではなく、そこに至るまでの関係性の構築と、信頼感の蓄積があってのことです。同時に自分自身も「答えを聞く耳」を持ち合わせていないと、キャッチすることは難しくなります。

　また、直接の答え以外にも、地域の人たちは自治体職員に、たくさんの示唆を与えてくれます。自分が行き詰ったり悩んだりした時に、地域の人の話を聞くことで、役所の中にいてはわからなかったことを見出せたり、新しい考え方に気づけたりするものです。ずっと庁舎の中にいると、考え方が役所の論理のみに適する方へと流れていきがちになります。これは誰のため事業で、どうしてやるのか、といったそもそもの主旨が薄らぎ、迷走することがあるのです。そんな時には、地域へ出ていって実際に地域の人たちの話を聞くことで、この事業は地域のためにあるのだ、この人たちのものなのだ、と自分の考えをしっかりと軌道修正することができます。こうした考えのチューニングといえる、事業のベクトルの再確認によって、その事業や施策に血を通わせて、本当の意味で地域のためになる仕事につなげることができるようになるでしょう。

◇地域の人とのつながりは一生もの

　地域の人たちとつながりができても、異動したらそこで終わりなのだろうか、といった心もとなさを感じる人もいるかもしれません。頑張って地域の人とのネットワークを構築したところで、自治体職員には定期異動が伴います。もちろん、後任者にそのネットワークは引き継がれることになりますが、異動した自分自身には何も残らないのでしょうか。そんなことはありません。つながりと経験は一生ものです。

　私の場合、商店街支援から異動が決まった時、とある商店街の人たちが「担当から離れても、ずっと仲間だよ」と言ってくださり、どんなに嬉しかったことでしょう。その言葉どおりその後も15年間、個人的にまちづくりの活動をともに続けさせてもらっています。また県内各地の

商店街の人とのつながりも大切に保っていて、第4章でお話しします「茨城ツアー」や「茨城まちづくりプラットフォーム」にて、ご協力をいただいています。

　また、前述の「答えは現場にある」という経験は、部署が移っても役に立ちました。悩みすぎてどうしようもなくなった時には、やはり地域の人たちに、繰り返し話を聞きに行きました。じっくりと意見を聞いて、そこでまた考えることを繰り返し行い、悩み考え抜いて答えをつくりあげていくこと、そのためには地域における対話の積み重ねが大切である、という姿勢はその後の職員人生でもずっと活きています。地域の人たちと思いを共有できること、そうした経験は本当に貴重です。

《事例紹介1》商店街コンペ事業

　私がかつて携わっていた商店街事業では、商店主の人たちに、県の施策や事業にいかに興味を持ってもらえるかが課題でした。そこで、商店街の若手商店主を集めた懇談会を開催し、その中で出てきた意見を県の施策づくりに活かしました。この会はよくある行政の審議会とは違って、形式にはこだわらず、若手商店主の思いを拾っていくことに努めました。同時に、今まで横のつながりが少なかった商店街同士をつなげていくことも目的とし、和やかな雰囲気の集まりを心がけました。

　当時、「悩んだ時には商店街にとってよい方向で考えろ」を口癖とするような、思いと理解のある上司に恵まれました。現場を重視される人で、たくさん助けてもらったものです。この懇談会も上司の発案で進め、とにかく参加者の話を聞いて、思いを知ることからはじめました。

　その結果、生まれた施策が、商店街の人に実際にやりたいことや実現したいプランを発表してもらい、県はその中で優れた事業へ補助を行うというコンペ事業です。

　このコンペ事業はシンプルでわかりやすく、意欲をかき立てるものであったのか、初回の応募件数は採用数の10倍近くにまでなりました。その応募の過程でも、これまで県と関わりのなかった人と、新たなつながり

を持つことができ、地域に人材はやはりいるのだと痛感しました。現場の人に興味を持ってもらえるような施策・事業を組み立てることが、地域の人とつながるには何よりの方法なのだと実感した経験です。

　コンペ事業の形成過程で、若手商店主のメンバーとは何度も意見交換をしました。その過程があったためか、メンバーにとってコンペ事業はすっかり自分ごとになってくれていたようです。それゆえ、それぞれができる範囲で自主的にコンペのPRまでしてくれたのです。

　日々忙しい商店主の中には、県からの情報はいつも同じことの繰り返しでつまらない、と右から左になっていた人もいたことでしょう。自分と同じ立場である商店街の人がすすめてくれたことで、耳を傾け、興味を持ってくれたのだと思います。「自分ごと化」、これこそ協働の第一歩です。

地域の人は対等なパートナー

中本正樹（なかもと・まさき）さん
茨城県小美玉市企画財政部企画調整課シティプロモーション係長。小美玉市四季文化館「みの〜れ」・小川文化センター「アピオス」で住民参画による文化センターづくりに携わった後、市長公室を経て企画部門に異動し、シティプロモーションを担当している。2018年「ヨーグルトサミット in 小美玉」を住民協働により開催。このほか、市のシティプロモーション施策は、「全国広報コンクール2019」映像部門にて「小美玉ヨーグルトストーリー」が特選総務大臣賞、「全国シティセールスデザインコンテスト2019」で大賞を受賞している。

――中本さんは、「みの〜れ」の立ち上げから関わり、できあがったあとも、住民の方と特色ある場づくりをされてきました。住民の方との協働事業は、ここが出発点なのですか？

　入庁3年目に、新設する文化センター（「みの〜れ」）の立ち上げ部署へ移り、住民参画による文化のまちづくりという、クリエイティブな現場に立つことになりました。当時、私は「住民はお客様」と思って接していましたが、現場で一緒になった民間のまちづくりコーディネーターの人から「住民の人が偉いみたい。人間に上も下もないのでは」と言われてハッとしました。住民の皆さんは対等なパートナーなのですよね。私は仕事として関わるけれど、住民の人たちには、生活の中でまちをよくしたいと考えている人も少なくありません。対等につきあっていくと、そこには信頼が生まれます。何かやりたいという地域の人たちは、人間と人間の付き合いをしようとする人にこそ信頼をおくのだと実感しました。

　その後市町村合併を経て、合併前には隣町（旧小川町）の施設だった小川文化センターの担当になりました。ホールの低い稼働率が課題だったのですが、地域の核となる人を探し、共に汗をかいてくれる協力者を求めました。その人たちの輪を広げ、愛着を込めて改革を進めていくと、人が人を呼び、稼働率が上昇していったのです。さらには、何やら面白そうだからと多様な

人たちがどんどん集まってきました。ここで手応えを感じて、こうした住民参画の手法はほかでも通用するのではと考えました。

　その後、市長公室に異動し、政策調整を担当していたとき、地方創生の総合戦略の草案が庁内の若手職員の手に委ねられることになり、そのリーダーを任されました。集まった28人の若手職員を4つのグループに分け、そこのグループリーダーにみの〜れを経験した後輩職員をあて、職員の当事者意識を徹底してあおるよう頼みました。その中で考え出された目玉施策が「ヨーグルトサミット」※です。

　ヨーグルトサミットを通して市民のシビックプライドを高め、後に展開する市民全体のシティプロモーションの礎とするため、農商工業、観光、ＩＴ、文化芸術など、あらゆる分野の住民たちを積極的に誘って、企画から予算付けまですべて、住民参画で行いました。ここで支えてくれたのが「みの〜れ」で一緒にやってきた住民や職員たちです。自分の中でもこのメンバーが中核にいてくれるなら大丈夫という思いがありました。はたしてヨーグルトサミットは大盛況。予想以上の来場と取材がありました。このイベント1回だけでは終わらせずに、今やっているシティプロモーションの分野にその住民たちをつなげて、またそこから拡げているところです。

——地域に関わりはじめる際には、相手に受け入れてもらえるのかなど、様々な心配事があります。中本さんはいかがでしたか？

　若手職員からよく「地域に入っていかなくてはならない業務では、どうしたらうまくいくのか」と相談されます。地域に入ると、つい自分1人が市を背負っているように感じて気負ってしまう人もいますが、そんな必要はありません。役所への批判を受けることもあるけれど、その時に自己防衛したり前任者を擁護したりすると、相手も対立から入ってしまう。だからとりあえず否定も肯定もせずに、「なるほど」と受け止めるんです。「そうなんですね」と、とにかく聴き手にまわることで、住民側がどのように考えているのかを知るよい機会になります。また「まちのことを思って言ってくれてあり

がとうございます」という気持ちで話を聞くと、それは相手にも伝わります。逆に「面倒だな」と思って聞くと、それも伝わって何度も同じ話をされることになる。とにかくよく聴くことで「あいつは話がわかる」というような方向に持っていくこと、そこからだと思います。

　地域に入って怖い思いをしたこともありますが、身近な部署の人たちが一致団結してくれたので乗り越えられました。さらに、役所内の上の人から「ありがとう」とお礼を言ってもらえる機会を、上司が意識的につくってくれたおかげで、モチベーションを保つことができました。

　また、「住民参加といっても一緒にやってくれる人はいるのだろうか」、「自分のまちには、そんな人材はいないのではないか」、「そもそも、地域にどんな人がいるのか知らない」といった不安もあると思います。私も最初はそうで、自分から「私と一緒にやってくれませんか」と発信もしていなかった。予算もなく面倒なことに集ってくれる人なんていないだろうと、求めようとしていなかったのですね。ところがいざ求めてみたら、「是非！」という声があがったのです。応えてくれる人は必ずいるはずなので見つけてください。特に自治体職員は、地域のことをよくわかっているもの。庁内の知り合いに話を持っていくと、ヒントになる情報をもらえたり、誰かを紹介してくれたりします。その人の友達、近所の人、はたまたその紹介と、一歩踏み出すことで、どんどんつながりが広がっていって、「この人！」という人に必ず出会えます。ただそのためには、求める側の人間性も大切です。「私のプロジェクトに参加したら、きっとおもしろい」という自信と決意が人の心を動かし、また次の人を誘う行動へとつながりますから、絶えず自分磨きをし続けることが大切ですね。

——地域の人たちと信頼関係を築くには、どのようなコツがありますか？

　最初は地域に入り込むのはやっぱり怖かったので、とにかく笑顔で「いい奴だな」と思われるように心がけました。というのは、住民にとっても役所の人間って、何か怖い存在なのです。だから、「自分は今、正直びびってま

す」と素直に伝えたり、自分のことを色々と知ってもらって、相手との壁を取り払って意思疎通することに努めました。

　関係する住民の方が来庁した際には、「お茶でも飲んでいってください」と腰かけてもらいます。来庁の用件についても、こちらのペースで仕切らずに、できるだけ相手に話してもらうようにしています。地域の話や身の上話など、いろいろな話題を振って、今の案件がまち全体と繋がっている感じをわかちあいたい。そのためにも、ここでも自己開示が大切です。あまり構えずに、人間と人間の付き合いをしましょうということです。

　小美玉市は昔から青年団活動が盛んで、対話の文化が築かれてきました。対話の文化とは、「何事かしようとするとき時は、全員出席のもとに行う。人の話を傾聴し、自分の知恵と労力を出し惜まない。内容や方法をどう決めるかを全員で決め、決めたことは全員で守り成し遂げる」を徹底することです。当たり前のことなのですが、これができていないと揉める。こういった土壌があるので、１つの物事を決める際には時間がかかりますが、次に何か新しいプロジェクトを実行する時には、対話の文化をわかっている者同士、すでに信頼関係ができあがっていることが強みになります。トップダウンではなくて、必ずみんなの対話によって成し遂げられていく。結果、じっくりとでも、みんなで燃え上がっていくことができます。

──現場の場づくりには、予算の確保や役所内で事業への協力を得る、といった難しさもあるでしょう。中本さんは、どんなことに気をつけてこられたのですか？

　ほとんどいつも予算なんてないところからスタートしています。だから、どうやったらやりたいことの費用を捻出できるのか、というところからはじまります。お金がないほうが、みんなが協力してくれる。本当に必要なら、お金をどうやって確保するかもみんなで悩んで行動します。

　また、自分は役所内で割と自由に動くことができていますが、これは上司の理解のおかげです。いま動いている理由や背景を上司にしっかりと伝え

て、上司の知らないところでは進めないようにしています。「報・連・相」にまでいかない、何気ない情報共有などまめなユミュニケーションを心がけています。関係をよくしておくことで、自分のやるべきことがやりやすくなりますので、気をつけています。

それから、プロジェクトを立ち上げた時には必ず、上司や関係部署の職員を連れていって、実際に立ち会ってもらうようにしています。人は、知らないことには冷酷になるものですので、立ち上げ時に関わってもらい、当事者意識を高めるようにしています。ただ関係部署側の立場に立ってみると、最初に立ち会うとずっと関わらなくてはいけなくなる、といった強迫観念があるので、「最初だけあなたの信頼がほしいのです」「その後はこちらが進めるから大丈夫ですよ」と伝えます。そして進捗状況は逐一報告しています。

──担当部署から離れたとき、地域の方とのつながりはどうなりましたか?

14年間担当した文化芸術分野から異動することになったとき、このまま文化芸術の道を追求した方がよいかと迷いました。ただこの14年は、文化芸術のスキルを得ただけでなく、地域の信頼できる仲間づくりの期間でもあったと思い直しました。仲間として一緒に協働していた住民や職員は、まさに戦友です。現場から離れても、何かあった時には一緒に戦ってくれるだろうな、と思える人たちが増えてきたのは、本当にありがたいです。一緒に舞台をつくり、プロジェクトを動かしてきた住民の人たちが、私の異動先にも相談に来てくれることが、とても嬉しいし、異動後の1年で、いかに前部署の経験が大きかったのかがわかりました。戦友の存在の大きさもあらためて感じました。文化芸術の現場で学んだスキルと、地域の人たちとのネットワークの両方が、今の自分の財産になっています。

自治体職員である以上、異動はつきものですが、自分を自分らしく、ニュートラルに戻すために、プライベートで積極的に地域活動に関わっていくつもりです。現在も「演劇ファミリーMyu」(みの～れ住民劇団)などの地域活動を続けています。

——最後に、「場づくり」は自治体職員にとって、どんな意義があるとお考えですか？

　今、自分のまわりの幹部職員を見ていると、地域に顔が利く人たちが結構水面下で地域課題の調整役として動いています。自分たちやさらに若い人たちが同じ立場になったときに、それができるのか。今は職員の採用も市外からが多く、地縁も薄くなっています。市民の中に飛び込んでいかなかったらどうやって解決するのでしょう。だからこそ、若いうちから、ぜひ地域に知り合いをたくさんつくっておいてほしいです。

　「役人」になるということは、そのまちの人に喜んでもらいたくてなるわけで、「役に立つ人」でありたいなと思っています。困って頼ってきた人のために役立ちたい。それには地域に知り合いがいてこそです。まずは地域に出ていって、熱意を持って対話をして、いい人とつながりを持ってほしいです。実際に無理難題を頼まれることはそうそうないし、もしそういうことがあっても、できないことはできないときちんと言うことも大切なことです。地域のためにも、自分のためにも、どんどん地域に出ていって、地域のいい人たちと出会って、つながっていってください。

※ヨーグルトは小美玉市の特産品である。ヨーグルトサミットは、ほかの産地に呼びかけ、ヨーグルトを持ち寄って物販や講演などを行う、全国初のイベント。「ヨーグルト足湯」や「ヨーグルトミュージカル」などユニークな企画と、徹底した住民参加によるプロモーションが功を奏し、2日間で約4万人を集めた。

　地域に入り込み、ヨーグルトサミットなど着実な実績を積まれている中本さん。文化行政で培った地域との信頼関係は、ほかの部署に移っても存分に生かされ、ますますの広がりを見せています。傾聴や自己開示、対話の文化などの手法も感じ入りました。地域と一体になった職員が、同じ茨城で活躍されていることを誇らしく思います。（助川）

第**3**章

自主研をやってみよう！
"学"場編

　「"学"場」は、仕事ではない職員同士の場づくりです。序章の整理でいうと、「業務外×対職員」の場となります。業務を離れて、仲間たちと楽しく学び、交流する場づくりを行っていくもので、職員同士の研鑽や交流を目的とする自主研究活動やそれに基づくネットワークづくりが考えられます。気楽な場ではありますが、参加は基本的に個人の自由によるものなので、参加や立ち上げのアクションを起こすことや、運営・継続についての悩み・不安を抱えがちです。そういったことの疑問点を以下に、具体的にあげてみました。

"学"場における場づくりの悩み・不安

そもそも自主研って何？		
どんなことをしているの？	自主研とは何か	1節
どんな人たちが？		
どんなことを目的としているの？		
学び合い、つながり合う意義って何だろう？	学び合いの意義	2節
自主研をやることは得になるの？		
自主研を立ち上げ、運営するには？	運営のポイント	3節
企画して、継続していくコツは？		

"学"場の場づくりでは、自主研究活動（自主研修活動）や自治体職員のネットワーク、いわゆる「自主研」にクローズアップしていきます。「自主研」をご存じでしょうか。「そもそも自主研って何？」、「どんなことをしているの？」、「どんな人たちがやっているの？」、「目的は何？」といった「自主研とは何か」について、最初に紐解いていきます。

　そもそも、自主研のように業務外で職員同士が学びの場をつくるのはなぜなのでしょうか。自治体職員が学び合い、つながり合う意義とは何なのでしょうか。自主研をやることは「得になるのかな？」と思う方もいるかもしれません。「学び合うことの意義」については、私の経験をあわせてお話ししていきます。

　また、自主研を立ち上げて運営していくとなると、「何をすればよいのか」「参加者が満足するための企画づくりはどうしたらよいか」「継続していくのが大変」など運営面での悩みや不安も出てきます。これらをどのようにして解決すればよいのかを考えていきます。

1 節　自主研とは何なのか

◇そもそも自主研って何

　自主研とは、簡単に言うと、自治体職員が業務時間外のプライベートで自主的に集い学び合うことです。仕事上の会議や研修ではなく、かといって、単なる飲み会やレクリエーションだけの親睦でもない、自治体や地域のために学び合い、そして実践していく場です。

　業務時間外の学び合いと実践ですから、場所も、時間も、メンバーもそしてテーマも、自由に設定できることが自主研の大きな特色です。

　また、自主研は仕事ではないので、成果を気にせずに、失敗をいとわず、練習、成長、お試しの場としての、気安さを持っています。一方で職位や権限は意味をなさないフラットな関係の中、あくまで自由参加のかたちで仲間を引き込んでいくという、いわば"人間力"が試されるような場でもあるのです。

◆どんなことをやっているのか

　自主研では実際にどんなことをしているのか。自主研によりテーマは自由ですが、自主研の類型は大きく分けて次の3つになると考えます。

　幅広い視野の獲得や職員としての資質向上を図るため、講演を聴講したり、対話スキルの習得や垣根を越えたつながりを形成しようとする「自己啓発・コミュニケーション型」。業務に直接役立つ知識の習得、特定テーマの深堀り、政策立案のトレーニングなどを行う「実務系勉強会・政策研究型」。地域の祭りなどを仲間と一緒に盛り上げたり、地域資源を再発見するためするフィールドワークを実施する「フィールドワーク・地域に飛び出す型」の3類型です。

　具体的な活動内容については、**図表3－1**でまとめたとおりですが、

図表3－1　自主研の3つの類型

自己啓発・コミュニケーション型
幅広い視野の獲得や職員としての資質向上を図るための講演の聴講、対話スキルの習得や垣根を越えたつながりの形成などを行う

〈具体例〉
・地域や民間で活躍する方の講演会
・オフサイトミーティングによる自由な話し合いの場
・ワールドカフェやゲーム体験型学習による対話　　　　　　　　　　など

実務系勉強会・政策研究型
業務に直接役立つ知識の習得、特定テーマの深堀り、政策立案のトレーニングなどを行う

〈具体例〉
・各部署の職員を講師とし、業務内容を学習
・テーマを選定し、期間を定めて研究
・政策立案のディスカッション、発表会　　　　　　　　　　など

フィールドワーク・地域に飛び出す型
地域の祭りなどを仲間と一緒に盛り上げる、地域資源の再発見のためのフィールドワークなどを実施する

〈具体例〉
・地域の祭りやイベントへの参加、企画実行
・地域資源の体験、地元フィールドワーク
　　　　　　　　　　など

中でも人気のある具体的なプログラムをいくつか紹介します。

「自己啓発・コミュニケーション型」では、「オフサイトミーティング」の活動があります。ランチタイムや定時後1時間程の時間を使って、テーマはきっちりと定めずに「気軽にまじめな話をする場」を設けます。また、「SIMULATION2030」などのゲーム体験型学習も話題になっています。SIMULATION2030は、熊本県職員が開発した、長期的な自治体経営について対話型で学べるカードゲームです。

「実務系勉強会・政策研究型」では、テーマを決めた勉強会があげられます。勉強会といっても、まずは本の感想を語り合う「読書会」からはじめてみて、そのうち、本の筆者を講師に呼んで講演してもらうような方法もあると思います。読書会では、自治体職員が執筆した書籍を扱うことからはじめてみるとやりやすいです（本書もどうぞご活用ください！）。さらに、政策立案のディスカッションを行い、政策提言まで行っている自主研もあります。内容的にはハードですが、政策形成に向けた手法が身につくことでしょう。

最後の「フィールドワーク・地域に飛び出す型」では、歴史視点で巡るまち歩きなど、地元のフィールドワークをおすすめします。フィールドワークをすることで、今まで知らなかった地域の魅力がたくさん見つかり、とても楽しくやみつきになります。このタイプは、場の4分類にあてはめると、必ずしも自治体職員だけに対する場づくりではなく、"街"場に分類されるものもありますので、次章もご覧ください。

◇どんな人たちがやっているのか

全国で展開されている自主研は、一体どのくらいあるのでしょうか。私が立ち上げに関わった「関東自主研サミット」では、全国の自主研に向けて、Facebookで一斉投稿を促したことがありました。その際には、29の都道府県から74のグループ・約1500人の反応がありました。

その後また、今度は関東にある自主研から活動内容を順番に投稿してもらうリレートークを実施したところ、2年間で50の自主研がたすき

をつないでくれました。

　全国には約 1800 の自治体がありますので、上の「手挙げ」を参考にしただけでも、全国には少なくとも 150 ～ 200 程度の自主研があると見ています。1 つの自主研のメンバーを平均 10 ～ 20 名とすると、全国で自主研に関わる方は 2000 ～ 4000 名。実際には大小もっと多くの「集い」があります。それに、自主研は今にはじまった活動でもありません。とはいえ、自治体職員の大多数が関わるような活動ではないでしょう。ある方が話されていた、自主研に関わるメンバーは「マイノリティ」かもしれないけど、「マエノメリティ（前のめり）」でいたい、という言葉が印象的です。

　では、自主研の運営メンバーはどのような人が多いのでしょうか。私の知っている範囲では、自治体職員の中でも中堅どころ、30 ～ 40 代の男性が多く見られます。特に広域のネットワークを持つ自主研では、企画や広報部門の人が多いです。企画や広報など、仕事上横のつきあいが多いところから自主研が発展したケースが見受けられます。ほかにも 20 代の若手限定の自主研や、女性だけの自主研も存在しています。自主研はテーマもメンバー設定も自由なので、本当に多種多様です。次に、どのような目的で自主研をやっているのかを見ていきましょう。

◇どんな目的でやっているのか

　自主研を運営している人、参加している人の目的は、人それぞれではありますが、大きくわけて、「職場や立場を越えた交流」、「自己啓発や資質の向上」といった、職員間の交流や自己啓発という目的に加えて、「仕事や人生のモチベーションアップ」といった動機付けや、「サードプレイスの機能」という居場所づくりが目的とされているようです。

　私自身、自主研を通して、人脈やスキルはもちろん、広い視野を得ることができ、所属する組織だけの視点に留まらない考え方を知り、特に業務が辛い時こそ、自分を多角的な視点で見つめ直すことができるようになりました。多忙な業務に振り回されっぱなしになるのではなく、

しっかりと自分を保ち、自立することを理解し、主体的に働いて、活動することを体得できたように感じます。

2節　学び合いの意義（私の自主研の経験から）

　自主研の概要については、おわかりいただけたかと思います。この節では、自主研を中心とした"学"場での学び合いの意義について、私の経験も踏まえてお話ししていきます。

◇学び合いの意義を4つに整理
　図表3－2では、学び合いの意義について、その価値を得るのが個人か集団なのか（対象軸）と、どのようなスパンで得られるものか（時間軸）とで4つに整理しました。
（1）仲間づくり
　まず意義の1つに、「仲間づくり」があります。単に人脈があるということとは異なり、他の自治体の職員と肩書きにとらわれないつきあいができるようになるということです。こうした仲間とは、仕事上の困り

図表3－2　学び合いの意義

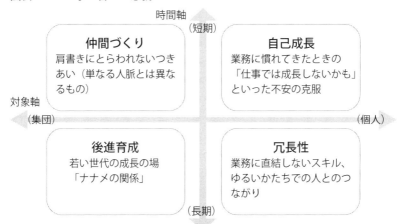

ごとを相談し合い、助け合える心強さがあります。それはもちろん大切なことですが、そこにとどまらず、業務を越えた日常的な悩みや不安を共有し、楽しさや喜びを分かち合える関係性、お互いに多角的な視野を得つつ、なれ合いではなく、ときには刺激し合う関係性、そのようなつながりを持てることこそが大きな意義だと言えます。例えば、業務が忙しくて"心を亡くし"がちなときに、ふと我に返ることができる、同じような立場で頑張っている仲間に、「いいね！」、「すごいな」、と感じながらも一抹のジェラシーを抱きつつ、自分も前に進まなくてはと心を新たにする、そんな関係性です。このつながりは私にとっても、とても楽しくワクワクするものですし、気持ちが高まり、活動の原動力にもなっていきます。

(2) 自己成長

2つは「自己成長」。今の自分を成長させてくれるものは何なのかを考えてみましょう。若いころや異動や昇進直後の時は、仕事上で初めて学ぶことが多く刺激的です。この刺激は自分を成長させますが、だんだんそれにも慣れてきます。業務に慣れることは大切ですが、「成長しない」不安を感じた時、あなたはどう行動するでしょうか。自主研は講義や対話から直接学びを得るだけでなく、運営に関わることで、リーダーシップやファシリテーションを実践で体得することができます。また、成長とは知識・スキルの向上だけではありません。自主研に関わる人の多くが「視野が広がった」「アンテナを高く持てるようになった」と口を揃えます。視点の切り替えや視野の広がりは大きな意義です。さらに視点が広がることで「受け身であった自分が主体的に行動できるようになった」と主体性を得られることも重要なポイントです。

(3) 冗長性

3つは「冗長性」です。英語ではリダンダンシーといい、一見無駄なようでも、何かのときの備えとなる機能のことで、一般的には、災害やシステム関係で重視される概念です。自分自身の能力が、その時その時の業務において十分に活用できていることは大切です。ですが、一見無

駄に見えるかもしれない、業務と直結しない能力や知識、ゆるいかたちでの人とのつながりが、長い職員人生の中で何かしらの機会に活きてきます。コミュニケーションスキルなど、どこに行っても使えるポータブルスキルを磨くことも同様に考えられます。繰り返しますが、自治体職員のキャリアは異動が伴いますし、変化の激しい時代、業務の内容も変化せざるを得なくなっています。そんなときに冗長性が活きてきます。

(4) 後進育成

　最後に、特に中堅職員の方にお伝えしたいのが、「後進育成」です。後輩の若い世代の職員が悩んでいたり、モヤモヤしているとき、どのようにアプローチしますか。個別のアプローチも大切ですが、そこで自主研を紹介してみるのも、大きな助けになります。悩める若い世代の成長の場として、自主研という学び合いの場があり続けることは大切です。何事も自分１人では進められません。自分とは直接の上下関係がない「ナナメの関係」というべき、ちょっとしたときに頼りになり、心が折れそうになったときに支え／支えられる関係が自主研によってつくられます。このナナメの関係では、中堅職員も若手からの相談によって気づきが得られます。自主研が存在することで、組織全体の長期的な成長も期待できるのです。中堅以上ではその視点も大切にしたいところです。

◇私と自主研との出会い

　さて、そもそも私が自主研という"学"場の場づくりに、こんなにも熱心になるのはなぜなのか。その背景には、私自身が15年以上前から自主研に取り組み、その幅広い効果と、越えるべきハードルを実感していることがあります。自主研に力を入れる意義について、まだまだ懐疑的な人もいることでしょう。「時間外や休日を使ってまで、なぜ自主研をやるのか」と思われるかもしれません。自治体職員が学び合い、つながること、その"学"場の意義について、私の経験を通してお伝えしていきます。ここでは少し時代を巻き戻して、私と自主研との出会いからお話をすすめていきましょう。

◇「入庁３年目の壁」

「住民のため、県民のため」という思いから、私は茨城県職員になりました。とはいえ、新規採用職員時代はやらされ感を常に感じていて、だらだらと残業をしたり、自分の机の上が乱雑で汚かったりと、今思うと主体的に業務に従事できていたとは言いがたい時期でした。もちろん自主研という言葉も知りませんでした。

３年目に初めての異動を迎えました。異動先では経理事務を担当し、ルーチンワークが中心で、県民と接することも少なかったため、「現場で活躍できないことへの焦り」「モチベーションを保ち、スキルアップを図るにはどうしたらよいのか」「自分が"今"学べることは何なのか」と、日々考え悩むようになりました。

そんなときに、全国の公務員ネットワーク「自治体職員有志の会」を知り、加入して情報収集をしてみたところ、私と同じように悶々としながらも、自治体職員としての使命を見つけ、様々な活動に取り組んでいる、いわば「同志」の存在を知ったのです。折しも、人口減少が叫ばれはじめたころで、新しい政策手法が求められる時期でもありました。私自身も何かしたい、前に進みたいといった思いから、同期ら５名で自身初の自主研を立ち上げました。

この自主研では、毎月政策アイディアを各自５つ持参することにし、最終的には県に政策提言を行うなど、今思えばかなりハードで真面目な勉強会、いわば「ガチ研」でした。おかげさまで職員提案制度の賞をいただいたり、人口減少社会をテーマとした政策提言書をまとめたりと、それなりの成果は残せたと思っています。ただ、私自身もまだ県庁内での視線が気になる年ごろでもあり、「自主研をやっている人＝生真面目で変な人」と思われるのが嫌で周りには秘密にしていました。悪いことをしているわけでもないのに隠してしまう、何かモヤモヤした気持ちを持っていたのです。またメンバーだけで行う内に籠っての自主研でしたので、県庁内や県内市町村のほかの自主研との交流もありません。むしろその時はほかに自主研が存在することも知らなかったのが実情です。

◇関東自主研サミットへの参画

　この自主研はメンバーの異動などもあり、政策提言を区切りに3年で休止しました。その後、東京出向の機会に恵まれ、加入していた全国の公務員ネットワークのつてで、首都圏で開催されている自主研に参加してみたところ、芋づる式に首都圏や全国の自治体職員とのつながりが広がりました。その縁で、「関東自主研サミット」の立ち上げメンバーにも加わり、自主研の運営側にまわることで、イベント開催のノウハウを学び、肩書きにとらわれないつながりを築き上げることもできました。

　「自主研＝ガチ研」、自主研は真面目な勉強会であり、自己啓発の場である、という認識だった私にとっては、ゆるいネットワークの場であり、地域に飛び出す場ともなる自主研があるということは新鮮で、自主研の捉え方のターニングポイントになりました。そしてそこで誇りをもって活動を続けるリーダーたちの笑顔からは、「自分が今まで進めてきたことは間違いではなかった」という心強い勇気と、自己研鑽も大切だけれど、まずは楽しむことが一番なのだと教えてもらいました。

◇活動はさらなる拡大を

　4年間の東京勤務ののち、茨城に戻ってからは、茨城の自治体職員がゆるくつながる「いばらきレボリューション（略称いばレボ）」に参画しました。いばレボは、市町村の職員が立ち上げた県域のネットワークで、「茨城県内公務員の"ゆるくて心地よいつながり"をつくる」ことを目的に、年2回程度の交流会やスピンオフ活動、メーリングリストやFacebookを利用した情報交換等を行っています。私自身このいばレボを通して、茨城県内の多くの自治体職員とつながることができました。

　2017年には、関東自主研サミットといばらきレボリューションがコラボレーションし、茨城県の結城市でイベントを開催。関東各地から120名を超える参加をいただきました。イベントのテーマは「越境」。「職場や組織を、公務員の垣根を、自治体の枠を、県域を越えよう」「自分でつくっていた心の境を越えよう」と、事例発表やパネルディスカッ

ション、ワールドカフェを実施しました。詳細は月刊『地方自治職員研修』2018 年 3 月号（公職研）に掲載されています。

　このころには、私の中で自主研のある生活が当たり前となり、年齢を重ねたことも相まって、自主研に対する周りからの視線が全く気にならなくなりました。活動を隠すどころか、積極的に出していくことで人脈が広がり、つながったりつなげたりということも増えていきます。仕事である担当業務を最優先し、全力で取り組むことは当然ですが、その上で自主研にも力を入れることで、本業の役に立つことが多々あるのです。そうしたことが自分にとって大きな喜びや達成感につながっています。

◇学び合いの広がりと新たな動き

　結城でのイベント開催後には、茨城各地で自主研やネットワークが生まれてきました。こうした自主研が複層的に存在していることで、多様な主体が個性的な学び合いの場を提供し合っており、いわば学び合いの"土壌"が醸成されつつあると言えます。地域の枠を越えて活動することで、各自主研のメンバーの構成もフレキシブルになっています。自主研ごとに矜持はありますが、無駄なこだわりや縄張り意識はありません。枠にとらわれず、越境を恐れず、学び合いを大切にする。そんな動きが自主研を通して、さらに広がっていったらよいと考えています。

　そして 2020 年には、また新たな動きとして「茨城自主研サミット」が立ち上がりました。後述する自主研スタートアップセミナーの参加者が、ほかの自主研の取り組みを知りたい、つながりたいと動き出したものです。学び合いの"土壌"から生まれたこの新たな動きに、思いは受け継がれるとあらためて感じています。

3節　自主研運営の8つのポイント

　ここからは、自主研を運営する側に視点を移し、運営面においての悩み・不安について、立ち上げ、企画・開催（狭義の運営）、継続の3つの段階ごとに解決のための考え方を示していきます（**図表3-3**）。

◇とにかくはじめてみよう

　自主研を立ち上げようとする段階では、何からどうしたらよいのかという漠然とした不安があることでしょう。結局、何にも手をつけられず、思いが宙ぶらりのまま立ち消えに…、という経験がある人もいるの

図表3-3　自主研運営の悩み・不安

段階	悩み・不安	解決のための考え方
立ち上げ	何から手をつければよい？	**とにかくはじめてみましょう！** 　2名の仲間を見つけ、日程と場所を決める
	先達に運営の知恵を借りるには？	**様々な自主研に参加しましょう！** 　Facebook情報（全国自治体職員ネットワーク、関東自主研サミットなど）
	講師はどうしたらよい？	**自分たち自身が講師になりましょう！** 　外部講師：ほかの自主研等で出会った講師にその場で依頼
企画・開催 （狭義の運営）	活動を広げたいけど適正な規模ってあるの？	**目的に応じた規模を目標にしましょう！** 　交流型－相互学習型 　適正な運営メンバーの数
	参加者が満足するための企画づくりは？	**行動変容を促す仕掛けを考えましょう！** 　プログラムデザイン8つのステップ 　チェックイン・チェックアウトの考え方
	メンバーをどう巻き込んでいくか？	**人を動かす5つの力を確認しましょう！** 　「尊敬」「共感」そして「報酬」
継続	活動を長く続けていくにはどうしたらよい？	**継続するための4つの秘訣があります！** 　前提：続けなければならないわけではない
	世代交代はどう進めたらよいか？	**「種まき」と「芽吹き」の時間をおこう！** 　同年代同士の集まりを促すことも

では。そうならないために、まずはとにかく行動を起こしてみましょう。

　一番にやることは、自分以外の2名に声をかけてメンバーになってもらい、その場で日程と場所を決めます。それから、当日に何をやりたいのかを考えて、とりあえずはやってみる。今度は開催の当日に、次回の日程とテーマを決める。これでOKです。

　かなり、アバウトな方法であり、実際にはそう簡単には進められないかもしれません。それでも、少人数であっても自主研は自主研であり、私は3名集まれば自主研になると考えています。また、場を立ち上げるときに大切になるのは、日程と場所です。集まる時間と場所が決まれば、感覚的には場づくりの半分が完了したと言えるでしょう。なので、多少強引にでも日程と場所を決めてしまうこと、開催してメンバーが集まったそのときに、次回の日程も決めてしまうことがポイントです。

◇先達の方法をお手本に

　前述したように、全国でたくさんの自主研活動が行われており、その内容も多様です。そうした先達の真似をしてみるものも、立ち上げ段階の1つのアイディアです。そのためには、まずは先達の活動を知りましょう。庁内にほかの自主研があればその活動をのぞいてみます。身近すぎて逆に腰が引けるようなら、近隣の活動を探してみるとよいです。「全国自治体職員ネットワーク」や「関東自主研サミット」などのFacebookをチェックし情報収集をして、目についた自主研に参加してみることをおすすめします。

　また、そのようなネットワークを広げることで得られるのは、運営のアイディアやノウハウばかりではありません。たくさんの刺激的な人との出会いがあり、仲間ができます。外で出会った意欲的で気の合う仲間が、たまたま同じ自治体や近隣の職員だったということもあります。ある自治体では、各人庁内では特段交流のなかった3名の職員が、県外で開催された広域のネットワークイベントで出会ったことをきっかけに、その3名が核となって、庁内で新たな自主研を立ち上げるに至りました。

興味を持ったら勇気を出して、ほかの自主研活動にもぜひ一度顔を出してみましょう。たくさんの気づきが見つかり、自分のやりたいことがハッキリするとともに、素敵な仲間も見つかります。

◇講師はどうすればよいか

　また、自主研で呼ぶ講師についてもよく相談を受けます。どんな人にどのようにお願いすればよいのでしょう。肩書きのある方や話題の方をお招きすることに憧れがあるかもしれません。外部の講師を依頼する際の具体的なアプローチ方法としては、いろいろな自主研や勉強会に参加してみて、そこで出会った講師の話が素晴らしかったときには、こちらから声をかけにいき、積極的に名刺交換をして、その場で自分の勉強会の講師をお願いするといった方法があります。

　ただ、もっと簡単にできる方法として、特に立ち上げ期の自主研におすすめしたいのは、まずは自分たち自身が講師になることです。自分の業務や活動を誰かに話してみること自体が、自身の振り返りの機会となり、成長につながります。「学び」は講師が外から持ってくるものではなく、自分たちの中から生まれるものです。これは自主研の醍醐味でもあります。あわせて、外部からの刺激や未知の知識にも積極的に触れていき、学び合いを活性化させていきましょう。

◇自主研の適正規模とは

　自主研の立ち上げ期が過ぎて、ある程度の回数を繰り返してくると、参加者もだんだん増えてきます。勢いに乗って、自主研の規模を広げていきたい時期が出てきます。その際に考えたいのが、適正な規模です。

　自主研に適正な規模はあるのでしょうか。私自身、100名、30〜40名、10名前後と規模を変えて様々な場づくりを進めてきました。交流を目的とする会であれば参加者が集まるほど盛り上がりますし、1度でつながれる量のメリットは大きくなります。一方で相互学習を目的とする会では、10名前後の少人数の方が、ディスカッションで参加者1人

ひとりが発言できるので盛り上がります。1グループ6名位までだと話がしやすいので、例えば40名参加のイベントでは、ディスカッションを5〜7グループに分けて開催しています。目的に応じた規模を目標にしましょう。

　運営側の人数も、規模に応じて適正なメンバー数があります。単純に言うと参加者の10分の1ほどです。100名であれば約10名で、名簿・資料づくり、PR、受付・会計、司会・進行の役割を担うことが必要になります。10名の勉強会であれば1名、つまり自分自身だけで可能です。もちろん、手伝ってくれる人がいればありがたく、余裕ができます。

◇参加者の満足度を高めるには

　自主研がある程度軌道に乗ってくる段階では、参加者が満足するための企画づくりも考えたいところです。企画の運営について参考となる、8つのステップを紹介します。さらに参加者の行動変容を促す仕掛けである「チェックイン・チェックアウト」についてもお話しします。

　「プログラムデザイン」の8つのステップとは、イベント開催を企画する際に押さえるべきポイントをまとめたものです。日ごろからこれを意識して企画することで、参加者に目的意識を持ってもらい、それを達成できる内容として運営ができるようになるでしょう（**図表3−4**）。

図表3−4　プログラムデザインの8つのステップ

①目的	何をめざすのか／ありたい姿
②目標	その時、どんな状態で終わるのか
③対象	誰を、何をターゲットにするのか
④日時	開催日、時間の尺
⑤人数	参加者の見込み
⑥会場	広さ、机・イスの配置
⑦与件	前提条件としておさえること
⑧予算	会場費・謝礼等支出、参加費等収入

章末のインタビューで登場します神奈川県大和市の坂本勝敏さんが、NPO法人日本ファシリテーション協会の加留部貴行さんの助言のもとまとめられたもので、月刊『地方自治職員研修』2019年11月号でも紹介しています。

　そして、参加者にどういう状態からどういう状態へ変容してもらいたいか。会がはじまる最初と最後に、そのことを参加者自身に考えてもらう仕掛けのことを「チェックイン」と「チェックアウト」と呼びます。具体的には、最初に自己紹介や近況も含め「今日は何のために参加したのか」という動機や目的を共有してもらい、最後に気づきや感想とともに「明日から行動したいこと」を話してもらいます。個人個人の発言を大切にしたいところですが、大人数の場合はグループ発表という手法になることもあります。いずれにしても、参加者1人ひとりにこの会の意義づけをしっかりと持ってもらいます。

◇メンバーを巻き込む "力" とは

　"学" 場の場づくりは業務外の活動であるからこそ、フラットな関係で周りのメンバーを巻き込んでいって、動いてもらうことが重要になります。人を動かすため、他者に動いてもらうためには、「5つの力」があるといわれます。

　それは、組織として人事権などを背景とした「権限」、この人のためであればという「尊敬」、このテーマ・内容であれば一緒に動きたいという「共感」、金銭など何かの見返りとしての「報酬」、そして「恐怖」です。

　業務では「権限」の力が大きいかと思いますが、自主研はフラットな関係ですので、「尊敬」や「共感」で動いてもらえるような工夫が必要です。「尊敬」を集めるには人間力を磨くほかありませんが、一朝一夕に叶うものではありません。ですから、ここでは「共感」を大事にしていきましょう。共感してもらうためには、まずは他者に対して自分が共感し続けることです。その上で、自分の思いを丁寧に伝えていくことが

求められます。私自身、話上手ではありませんが、人に何かを伝えたいときは、わかりやすさを大切にし、相手の反応をよく見て話すことを心がけています。また、楽しいことに人は集まるものです。ときにはユーモアや遊びの要素を交えて、楽しさも大いに伝えます。人それぞれの持ち味を大切にしながら、真摯に思いを伝えて、「共感」を育んでいきましょう。

またPR・受付・進行といった何かしら運営側の役割を担ってもらうということも、他者に動いてもらう際のポイントになります。5つの力の中では、金銭ではない「報酬」の力にあたります。役割を担うことによって、参加者はもっと場づくりに関わることができます。運営を通して新しいことに取り組むことができる、自分が皆の役に立っているといった成長と貢献を感じる機会は、得難い「報酬」となり、人を動かす力になるのです。ただしこれは相手の善意によるところが大きくなりますので、一方的に頼んでばかりではいけません。これも「信頼貯金」ですね（2章）。例えば自分のイベントを手伝ってくれた人には、機会を見つけてその人のイベントも手伝う、といった互酬性を踏まえることが肝要です。それと当然のことながら、場づくりでは感謝が一番の報酬になります。関わってくれた方への、心からの「ありがとう」を忘れないようにしたいですね。ちなみに、人を動かす5つの力のうち「恐怖」は、使ってはいけない力です。

◇継続するための4つの秘訣

前提として、自主研は必ずしも「続けなければならない」ものではありません。特に立ち上げ当初から、続けることを大きな目的にしてしまうと、最初の一歩がなかなか踏み出せなくなります。はじめる際には、面白そうだ、やってみたい、といった前向きな気持ちが大切です。

とはいえ、続けていくことで、思わぬ喜びごとや機会に恵まれるといった大きな価値があります。ただ、継続することはとても難しいのです。参加者にも忙しさの波がありますし、異動や家庭の事情で自主研に

参加する余裕がなくなるかもしれません。運営者のモチベーションも変化します。私自身、いくつかの場づくりを実践していますが、正直、何とか続けられているというのが実情です。「何とか」でも続けていけるのはなぜなのか、私が見つけた4つの秘訣をお教えします。

(1) 定例化

1つは、定例化することです。例えば、「第2火曜日の19時から、会場は〇〇会議室」のように、日程や場所を固定すると、参加者は予定が組みやすく、運営側も企画や準備のリズムができます。ただし、繁忙期や急に忙しくなった場合の継続には苦労します。

(2) 複数人による運営

だからこそ、2つは、複数人で運営し、1人で運営を担わない体制にすることです。信頼できるメンバー3名程度が、その中で交互に主催者になれば、1人あたりの負担が減り、よりフレキシブルな運営ができるようになります。運営メンバー間ではSNSなどの手段を使って綿密な意思疎通を図っていくことが大切です。

とはいえ、1人で運営している自主研も少なくないでしょう。そんな場合は、フォロワーの存在を大切にしましょう。フォロワーとは、いわゆる常連であり、趣旨に賛同してくれる人です。そのフォロワーが運営側に参画してくれたらとても心強いものです。そのためには、フォロワーとともに、他の自主研やネットワークに積極的に参加しましょう。実践者の姿から刺激を受けることは、フォロワーの動機付けを高めることにもつながります。

(3) シュリンクを視野に

3つは、シュリンク（縮小）を視野に入れることです。自主研活動には成長期と成熟期があります。軌道に乗りはじめると、回数も頻繁に、参加規模も大きくしていけるようになります。拡大していく感じ、どんどん集まってくれる感じは、場づくりのモチベーションの向上に直結します。しかし拡大傾向は次第に苦しくなりがちです。運営メンバーの環境変化によって1人あたりの負担も増えていきます。そこである一定

期間を超えたあたりから、少しずつ規模も回数も減らして、運営の負担を軽減し、細くても長く続けていくことに切り替えてみましょう。私自身の経験では、3〜5年がその一定期間にあたりました。続けていくためには、シュリンクを視野に入れることも大切になります。

(4)「残す化」

そして最後は「残す化」です。これは自主研を長く続けているある方からのアドバイスなのですが、続けていくことが難しく大切だからこそ、その活動の証を、何らかのかたちで残しておいた方がよい、ということです。そのアドバイスを受けて、私も自分の参加する活動で毎年度「活動報告書」を作成しています。イベントや勉強会の履歴と、そこで得た知見を整理し、10ページ程度の分量で報告書にまとめます。作成後はメンバーに共有して、活動報告書を囲んだ意見交換の機会も設けるようにしています。

この話をした時に、ある人から「活動の軌跡を残す"アーカイブ化"をしておいてもらえることで、今後自分たちが活動をはじめたいときにとても役に立つ」と言ってもらえました。まさに、前述の「先達の方法をお手本に」です。自分たちが先達になり、後に続く人たちへ活動の証と思いを残し、つなげていけるといいですね。

以上の4つが、継続の秘訣です。私自身も4つが完璧にできているとはいい難いのですが、このことが、活動の継続につながっています。

◇世代交代をどう考えるか

自主研を息長く続けていくには、いつかのタイミングで運営メンバーの世代交代が必要になってきます。自主研の性質上、運営メンバーと親しく、つながりが強い同世代のメンバーが、参加のボリュームゾーンとなりがちです。それは運営者としては、とても楽しく居心地がよいのですが、長い目で見ると先細りになってしまう心配もあります。

私自身も、自分のつくった場に元気な若手が増えてきたので、その場を次世代に引き継ぎたいと考えたことがあります。しかしうまくいか

ず、若い世代に托すことの難しさを痛感しました。ではどのようにすれ
ば、自主研の新陳代謝を進めていくことができるのでしょうか。

　1つの考え方として、「種まき」と「芽吹き」の間には時間をおくこ
とを留意したいです。若い世代に対して何かしらのアクションを行う
「種をまく」ことを行っても、相手が反応し行動に移し、目に見える何
かが出てくる「芽吹き」までには年単位の時間がかかります。可能性に
あふれる若い世代には勝手に多くを期待して、何かしらの反応を求めて
しまいます。でも、即時ではなく長期的な時間軸において、芽が出たと
実感できたことがいくつかありました。種は思わぬ所にもこぼれ落ちて
おり、いつかどこかで芽を出し、花ひらくもの。焦らず気長に、そして
ねばり強く、若い世代とも関わっていきたいですね。

　また、自主研運営の世代交代を無理に進めずに、考えや目的が近い、
同年代同士の集まりを促すという考え方もあります。自分の立ち上げた
自主研が先細りとなるのは寂しいですが、後輩たちが、また新たに自主
研を立ち上げていきます。その際には、前述したアーカイブ化が役立つ
こともあり、思いは不滅です。後に続く学び合いの"土壌"をつくった
さきがけとして、自分たちの自主研活動があったと思うと、誇らしい気
持ちにもなることでしょう。

◇自発的な場づくりの得難い楽しさ

　自主研のような自発的な場づくりにおいては、短期的な成果を求めな
くてよいのです。それは仕事と大きく異なる点であり、"学"場ならで
はのことだと思います。もちろん、自主研はそれぞれ目的をもって実施
しているので、何かしらの成果はあった方が望ましいのですが、目的に
しろ成果にしろ、その発現方法や時期もすべてが自由です。失敗もＯＫ
というか、失敗というのは一体何をさすのでしょう。「失敗なくしては
成功なし」、まさにトライアンドエラーが許される場づくりなのです。
むしろ、様々なことに臆せずチャレンジでき、小さな失敗を繰り返すこ
とによって、成長できる場です。1章の「会議等の運営」といった業務

上の場づくりの、練習ができる場でもあるのです。さらに、業務で実践することは難しくても、地域のためにやってみたいと考えている取り組みなどを、実験してみることができる場でもあります。

そして繰り返しますが、自主研によって、肩書きにとらわれないつきあいができることは、とても大きなメリットです。年齢も所属も職名も関係ないつきあいは本当に得難いものですし、同じ志を持つ仲間とつながっていけることは、大変ありがたく心強いものなのです。

最後になりますが、自主研で得た経験や知識は何らかのかたちで、必ず業務に活きてくるということを忘れてはなりません。業務と直結する学び以外は、一見業務とは何の関係もないように見えます。しかし長期的な視点で見てみると、確かに業務につながり、活かしていけることを私自身が強く実感しています。自主研運営に関するスキルは、今の職員研修業務に直結していますし、何より自主研プレイヤーの私が、自主研を業務上で支援する側になりました。自治体職員には異動がつきものです。「次なる職場」で、以前の学びが（時に思わぬかたちでも）きっと活きてきます。

《事例紹介2》自主研スタートアップセミナー

3章では、自主研活動をステップアップさせるために、運営側が自分たちの力でできることについてお話ししました。

そのほかにも、組織のサポートを受けるという手法があります。自治体の人材育成部門が、金銭的支援や場所・備品の貸し出しを行っていたり、自主研同士の交流の場や自主研情報の提供といったサポートをしたりしていることがあります。サポートの例として、私が企画した「自主研スタートアップセミナー」をご紹介します。人材育成担当の方にも、ぜひお読みいただきたいです。

私事ながら、勤続20年目を前にして、県自治研修所で職員研修の担当となりました。これまで業務外に続けてきた自主研と、職場における業務

がリンクする仕事です。そこで今まで関心を持っていた職員の自主研立ち上げや自主研運営を、業務として後押ししてみたところ、少しずつですが職員から自主研支援のニーズを実感できました。こうした機運をさらに高めようと考え、自主研に興味はあるけれど情報にアクセスできない職員や、参加への物理的・精神的なハードルに逡巡する職員へのイントロダクションとして、さらにはこれから自主研を始めたい職員への説明会・交流会として、「自主研スタートアップセミナー」を企画し開催しました。

　このセミナーでは、まずは「自主研とは何か」といった概要説明を行いその後、庁内で活動実績のある自主研3〜4団体に発表をしてもらいます。自主研に興味のある人には、参加や立ち上げのきっかけとなり、自主研の運営者にとっては、自主研同士の事例発表や交流を通して、それぞれの自主研活動の振り返りの場にもなっています。

　実際に県庁内では年2件程度の自主研が新たに立ち上がってきており、若手職員を中心に「自主研」を気軽にはじめられる風土、職員が気軽に真面目な話を学び合える"土壌"が醸成されつつあると実感しています。

"学"場編：インタビュー

自分を変えた"自主研"を広める

坂本勝敏（さかもと・かつとし）さん
神奈川県大和市市立病院事務局経営戦略室経営戦略係長。これまで、財政や福祉、教育の業務を担当してきた。県内自主研「Ｋ３３ネットワーク」に刺激を受け、庁内自主研「Ｙ－Ｇ」を設立。2013年から関東の自主研が集う場「関東自主研サミット」を運営し、自主研グループの大きなネットワークづくりに貢献している。

──庁内自主研や関東自主研サミットといった場を立ち上げたのにはどのようなきっかけがあったのか、また、どのような思いが原動力となったのですか？

　正直に言って、入庁時には、「公務員として市民や地域のために」という気持ちはあまり大きくなくて、優秀なサラリーマン公務員であればいいと思っていました。入庁後は財政課、障害福祉課とハードな部署で大変だった反面、それなりにやっている自負もあったので、特に自己啓発の必要性は感じていませんでした。そんなとき、後輩が自主研に参加して「すごい経験をしてきた」と興奮気味に語ってくれたことがあり、そこまで言わしめる自主研っていったい何なのか、興味本位で自分も参加してみたのが「Ｋ３３ネットワーク」です。神奈川県内の自治体の若手職員による、かなり真面目な自主研でした。

　ここで、メンバーの意識の高さや持っている情報の量などに驚かされ、「自分は今までどれだけ狭い世界の中で生きていたんだ」と気付かされます。そして私自身も積極的に参加するようになり、学びとともにネットワークも広がっていくことになりました。すると、恒常的に有用な情報が入ってきて、公務員として自分自身が持つ情報もどんどん増えていき、仕事においても多角的な判断ができるようになってきました。

こうした成長を感じながらも、自分だけが成長しても仕方がない、自分の組織の中でも皆でともに成長できる、学び合える場が必要だと思い、庁内学習会である「Ｙ－Ｇ」を仲間とともに立ち上げあげたのです。その立ち上げには、Ｋ３３ネットワークで培った運営ノウハウが役に立ちました。「運営ノウハウさえわかれば、誰もが自主研できるじゃん」と気づいて、「では、自主研の運営ノウハウを共有する場を創出しよう」とはじめたのが、「関東自主研サミット」です。

　関東自主研サミットは、もっといろいろな地域で自主研が立ち上がるように、そして既存の自主研がさらに活性化するようにと、今うまくいっている自主研の成功モデルを持ち寄り、共有していくことを日指しました。「気づきとつながりの場」をキーワードに、会の前半に成功事例の紹介、後半には必ずワークを入れ、前半の気づきを後半の対話の中で昇華するようにしています。対話の中では、新たな気づきとともにつながりも生まれていきます。関東自主研サミットは、これまで100人規模の大きな集いを6回開催しています。2018年には対象を全国に拡大し、「全国自治体職員ネットワークサミット」も行いました。その他、スピンオフ的に「公務員女子会」や「人事を語る会」なども開催しています。こうした活動が、関東で多くの自主研やネットワークを誕生させるきっかけになったと感じています。

──自主研に興味のある方でも、参加に向けて一歩踏み出すことや、新規に自主研を立ち上げることには、とまどいがあるとも耳にします。坂本さんはいかがでしたか？

　一歩前に踏み出すとき、自分の中でムズムズするような、ワクワクするような、小さなひっかかりを感じています。今はいろいろ活動している私も、自分のムズムズに反応して行動を起こしたことがターニングポイントになりました。山形市で自主研つながりで出会った方が主催する映画上映会があり、どうしても気になって、1人で山形まで行ってきたんです。

　そのことがきっかけで多様な人とのつながりが生まれました。ムズムズし

た結果が輪になって、その輪がどんどん広がっていく。はじめの一歩を踏み出したときには、どうなるのかなんて全然わからなかったのです。でもムズムズをちゃんとキャッチできたから起こせたことです。活かせるかどうかは自分次第なのかもしれません。こうした自分の中のムズムズを、ちゃんとキャッチできれば、その先の人生が大きく変わってくるから、何かムズムズすることがあったら、まずは行動したほうがいいですよ。

　そして、自主研を立ち上げ、はじめようと思う方は、とにかくやると決めて、やってみましょう。立ち上げには3人くらい仲間がいるといいので、1人ずつ声がけをして誘ってみます。あとは最初に、「何のためにやるのか、何をやりたいのか」はきちんと決めておきます。自主研は、「ターゲットが誰で、誰とどこを目指すのか」がしっかりしていないと会の方向性がブレてしまう難しさがありますから。

　それでも、自主研は失敗が許される場です。とにかくやってみて、うまくいかなかったら「またやる」でも「やめる」でもよい。自主研は「いい失敗体験」ができる場ですから、とにかくチャレンジしてみましょう。

　こうしたトライアンドエラーのステージを過ぎて、少し先の段階に進もうとなれば、企画や準備に力を入れていきます。参加者に対して価値ある場を提供できるように、よい学びとなるように、クオリティを追求します。そのためには、テーマ設定や学びの焦点をしっかりさせることです。気づきを得て、学びを深めてもらうためには、「自分ごと」になるような見方を重視すること。行政サービスをテーマとした学習会でも、受益者側の視点を意識した問いかけをしたところ、参加者の見方が「自分ごと」に変わり、場の価値が高まりました。プロセスデザインのコツ（『地方自治職員研修』2019年11月号、公職研）も参考にしてください。

——活動を続けることや仲間づくり、世代による違いなど、自主研の運営者に向けてアドバイスをお願いします。

　思いを持ち続けている限り、やり続ければいいのかなと。でも時間の余裕

や自身の熱量がなくなってくることもあって、それは仕方のないことです。続けることが全ての目的じゃないと思うことも必要です。

　仲間づくりをするなら、いろいろな人と話をしてみて、自主研に興味がありそうな人がいたら誘ってみる。庁内では、活動報告をしっかりと出すことも有用です。自主研が気になる、という人の目に留まるかもしれません。

　世代については、それぞれ興味を持つテーマに違いがあります。若手職員は、役所内の仕事や業務を紹介するような学習会のニーズが高い。一番知りたいことですし、講師役の担当職員はじめ庁内の人脈もできますから。でも、役所内の業務は、年を重ねれば分かってくるものです。年代に応じて、庁内では知り得ない学びに関心が移っていきます。例えば、地域で活躍している人の話を聞く、歴史を学ぶ、地域愛といったことに対しての学びなど。世代によって、自主研のニーズにも違いが出てきます。

　だから、基本的には近い世代で、同じような悩みを持っている中での学び合いができるとよいです。また、受け身の参加ではなく、主体性があったほうが、経験値効率が高まります。課題解決に向けてどのように対応していくかを、自分たちで主体的に考えられるような自主研グループが、いくつも立ち上がってくるような組織が理想的ですね。

　あとは、組織としてのサポートはあったほうが何かとスムーズです。時間外に庁内の会議室を使わせてくれるかどうか、といったことでも、ずいぶん違ってきます。組織や上の人たちが応援してくれる雰囲気があったほうが、下も立ち上がりやすくなることでしょう。

──自主研の運営や、広域のネットワークがあることで得られるものは？

　関東自主研サミットの運営を通じて、イベンターとしての経験値が増えました。そして仲間もすごく増えた。同じような思いを持っている人同士って、一度会っただけでも同志みたいになれるのです。何でもお願いできたり、聞けたりする関係性がすぐにできる。これはすごく貴重なネットワークですよね。関東自主研サミットをやったことで、こうしたつながりも増え

て、自分の人生が180度以上転換したような感じです。

　また広域ネットワークによって、自分の中のアンテナが確実に広がって、それぞれの地域だけでは得られないような情報が入るようにもなりました。そしてやはり、公私ともに頼れる人が増えていくのは嬉しいですね。

　こうしたネットワークや情報などが、自分自身に蓄積されていること、「これだけ引き出しがある」というのは、公務員の組織では評価されにくい部分でもあります。でも、そういった引き出しや自主研で培ってきたスキルは、仕事においても思いっきり活かされています。

　課題解決に向かっていくプロセス、立場の違う人たちから出た意見を集約して実行に移す方法、人の巻き込み方や動かし方、道具を効果的に使ったファシリテーション手法、問題を可視化し構造化してうまく見せるスキルなど。実際に職場の研修で、「自主研界隈」でブームとなっている「紙芝居」を用いて成功したこともありました。今まで自主研で経験して得てきたことはとても大きいです。

——最後に、「場づくり」は自治体職員にとって、どんな意義があるとお考えですか？

　私にとって、地域に目を向けること＝「地域に対する目」は、自主研に参加していなかったら得られなかったものです。その自治体を好きになる気持ちや公務員の仕事の素晴らしさ、といったことが意識できるようになってきて、自身の働きがいが格段に上がったし、スキルやノウハウも増しました。自主研などの活動によって、自由にできる時間は確かに減りましたが、それ以上に得る価値は大きかったです。

　地域に対する目をもって、地域で頑張っている人たちの話を聞くと、自治体（行政）って、まちのなかのピースの1つでしかないと感じます。そのことに気づかないと、自治体（行政）の中だけでできることをやっていけばいい、というように視野が狭くなると思うのです。それでは、できることが限られている中での最適解しか出せなくなってしまいます。だから視野を広げ

ていくために、自分の職場だけでないいろいろなところへ出ていって、多彩な人に出会い、お願いをしたり、一緒に考えたりしていくことが大切です。その際の頼み方、人のつなげ方、場の回し方などは、自主研の経験から得られるところが大きいですよ。

　役所の中から自分の職務を通して見るだけでは、ほかの世界が見えづらいものです。地域や各分野の先駆的事例等を学ばなければ自分たちだけの狭い世界の意思決定になってしまう。だから自治体職員には多角的な広い視野が必要。そこで自主研なのです。地域を知るいろいろな人とつながり、多様な視点や考え方を知る中で、自治体職員であることに誇りが持て、その仕事の価値を再確認することができましたし、高まったように感じます。すると、仕事に対するモチベーションも上がりますし、このまちをよりよくしたいという気持ちで仕事に励める。自主研によって、人生の充実度が格段に跳ね上がります。絶対にやったほうがいい。おすすめします。自主研の立ち上げに不安な方はぜひ連絡をください（笑）。一緒に考えましょう。

「サラリーマン公務員」の意識を変えた自主研との出会い。最初の一歩を踏み出せていなかったら「今」はないのだと、私自身も回顧しました。私も自主研の参加や運営を通して得たことは計り知れず、同志とのつながりも全国区です。坂本さんが、自主研によって地域への目が開眼したという話も、心に響きました。（助川）

第 4 章

まち歩き・地域のつながり づくりの実践！

"街" 場編

　「業務外 × 対地域」の「"街"場」は、自治体職員が 1 人の住民として地域の人たちとともに行う、場づくりです。業務を離れて、地域の中で自分の興味、関心に基づいて自由に楽しく場づくりを行っていくものであり、地域活動を主なテーマに自治体職員だけでない多彩なメンバー構成で行う自主研や、地域の魅力づくり、町内会活動などを含めた幅広い地域活動が考えられます。人事異動により、地域との協働を行う業務から離れても、自主的に縁を保って場づくりを続ける例もあります。

　この章では、まち歩きや地域のつながりづくりを例に、自治体職員が 1 人の住民として地域に関わる場づくりについて触れていきます。まずはここでの悩み・不安を整理しました。

第 4 章

"街" 場における場づくりの悩み・不安		
まち歩きをどのように行ったらよいのか？	まち歩きの プロセス	1 節
地域のつながりづくりをどのようにはじめたらよいのか？	地域のつながり づくりのプロセス	2 節
自治体職員が一人の住民として "街" 場の場づくりに関わる意義は？	自治体職員が 行う意義	3 節

自分も 1 人の住民であるといった視点があると，地域への関わり方も広がってきます。人それぞれ十人十色の関わり方があるかと思いますが，私からは，地域を知ること・知ってもらうことを目的にまちを巡ることで地域に関わる方法，そして，人をつなぐことを目的に多様な人が集まる場をつくることで地域に関わる方法，大きく 2 つの方法をご紹介いたします。前者を「まち歩き」，後者を「地域のつながりづくり」としておきます。

　この、まち歩きと地域のつながりづくりについて、具体的にどのようにはじめたらよいのか，4 つの事例をあげてお話ししていきます。

　地域の人と一緒に、地域を楽しむこと、自分自身が 1 人の住民として地域の人たちとつながることができること。それはあなた自身にとっても大きな喜びとなるでしょう。職員が地域を知り、親しむことの手法を紐解いていくとともに、あらためて自治体職員が"街"場に関わる意義についても考えていきます。

1 節　まち歩きをはじめるプロセス

　さて、"街"場の場づくりとして地域に関わる方法で、最初におすすめしたいのが、「まち歩き」です。テレビでも、ごく普通のまちを歩き地元の人と交流したり、ローカルバスに乗ってまちを巡ったりといった番組が増えています。ＮＨＫの「ブラタモリ」も人気番組です。実際にやってみると、まち歩きはとても楽しいものです。

　この節では、「人に会うまち歩き」と「歴史視点で地域をさぐるまち歩き」という 2 つの切り口（**図表 4 − 1**）から、その概要を説明するとともに、その実施プロセスについてお話ししていきます。

◇「人に会う」まち歩き 5 つのプロセス

　まち歩きをする際に、ただ一方的にまちを見て回るのではなく、そこで出迎えてくれる人がいたり、まちの人たちと話すことができたなら、

	人に会い交流する	歴史視点で地域をさぐる
趣旨	主に来街者に対して、地元の人が地元を案内する。積極的な交流によって、観光だけでは味わえない地域の魅力を伝える	主に地域の中の人とともに、歴史や地理の視点を通して、まちの成り立ちなどを深堀する。地域の隠れた魅力をさぐり、地域の価値を再発見する
プロセス	(1) 来てみたい人、興味のある人を見つける (2) 地元側の協力者に打診する（自身の案内でも可） (3) バランスのよいルートを考える (4) 当日連絡できる体制をつくる (5) 終わってからが大切	(1) 史料、資料、地図を読み込む (2) 「なぜ○○になった？」とテーマを決める (3) 時系列、謎解きなどでストーリーを考える (4) 一筆書きで巡れるルートを考える (5) 説明する方法と内容をしこむ (6) 現代へ向けた提言を意識する
＋αの視点	・楽しむツールを用意しよう ・水平展開の仕掛けでプレイヤーを育てよう	
効果	・「小さな応援者」を増やす ・受入側の気づきも多い	・地域への愛着が強くなる ・地域の宝探し
事例	「茨城ツアー」 東京で知り合った方々を地元茨城にお連れする	「歴史公共"ほぼ"学会（ブラタ○リ部）」 まちの成り立ちを、フィールドワークから歴史を通して紐解く

まち歩きの楽しさは倍増します。そんなまち歩きをつくっていきます。

　自治体職員は地元のことをよく知っています。そうした人が「まち歩き」をつくれば、ガイドブックにはない魅力を伝えることもできるし、来る人の興味に合わせたテーマやコースをオーダーメイドすることも可能です。地元でお店などの生業を営む人、地域活動を実践している人も知っていますので、その人たちに直接会って交流する企画もできます。「人に会う」ことは、参加者にとって大きな体験・刺激になります。

　人に会うまち歩きの趣旨は、主に外から来る人（来街者）に対して、地元の人が自分のまちを案内し、まちの中の人と交流する機会を設けることで、通常の観光では味わえない地域の魅力を伝えることです。

　では、具体的な5つのプロセスをお話ししていきます。

(1) 来てみたい人、興味のある人を見つける

　まずは、「自分の地元である場所」に、行ってみたい、興味がある、という外の人を見つけます。興味を持ってくれる人と出会うためにも、自分自身が様々な場、例えば各地の自治体職員が集まり学び合う場や、地域活動などに積極的に顔を出し、たくさんの人たちとゆるいつながりをつくっておくとスムーズです。特に、それぞれの場でキーマンとなる人との信頼関係を築いておくとよいでしょう。

　私の場合は、東京出向時に自治体職員を中心とした集まりに参加し、東京近郊の自治体職員や全国からの出向者の中から「茨城に行ってみたい」と言ってくれる人たちを見つけました。なかでも、人望に厚く顔が広いキーマンが企画に賛同してくれたことで、その人の持つネットワークも活用されて、広くたくさんの参加者が集まりました。そのおかげで、私が直接面識のない人まで参加してくれ、企画を通じて知り合いになれた、といったこともありました。

(2) 地元側の協力者に打診する

　ある程度の気運が高まってきたら、地元側の協力者に受け入れについての打診をしてみます。来街者へのお話やご案内といった対応を、地元の誰にお願いするかについては、皆さんのこれまでの経験を活用してみてください。例えば、市民活動の部署の経験があれば、地域の実践者とつながりがあるでしょう。そういったことに詳しい同僚にお願いしてみるのも手です。該当者がいない場合は、観光ボランティアガイドの人にお願いする手法もあります。もちろん、自分自身が案内をしてもよいでしょう。

　私の場合、かつて商店街支援業務でつながったまちの方々に、多大なご協力をいただきました。皆ボランティアで協力してくださり、とてもありがたかったです。受入れ側としても、他所から人が来てくれることは嬉しいし、外部の視点を得る機会は貴重だと言ってくれました。

(3) 観光と交流のバランスのよいルートを考える

　業務外の取り組みですので、行程は自分がおすすめしたいルートで組

み立てて構いません。ただ、一般的な観光の体験をする場面と、まちの人の話を聞く場面のバランスは考えておきます。というのも、集客の観点では、ルートの中に著名な観光地や食を含めた現地体験があるほうが訴求力が高まるからです。とはいえ、単なる観光地めぐりでは普通のツアーになってしまいますから、地元の人から話を聞いて、交流できる時間をきちんと織り込んでおきます。当地の人が企画・案内するツアーだからこそ、地元の本来の姿を見せたいし、知ってもらいたい。地元民としておすすめしたい場所や食、まちの人との交流を企画しながらも、ツアーの参加希望者にどこで何をしてみたいかなどをリサーチしておき、外部の視点を得ながら行程を考えていくとよいでしょう。

(4) 当日連絡できる体制をつくる

当日急遽来られない人や遅れて来る人も出てくるかもしれません。今は皆がスマホを持ち、ＳＮＳも普及しているので連絡がつきやすいかと思いますが、油断は禁物です。実際に「焦ったケース」がありました。ツアー当日がＪＲのダイヤ改正日であり、利用予定の電車に30分程度の変更が出ることを、前日になって気がついたのです。参加者にはどうにか個別に連絡がついたのでよかったのですが、大変に危ない橋でした。

(5) 終わってからが大切

当日無事に行程が終了し、参加者に満足して帰っていただく、ホッと一段落するとともに達成感に包まれるときです。しかし、終わってからが大切です。受入れ側で協力してくれた人、参加者してくれた人双方に、できれば個別にお礼を伝えましょう。地元によい思いを持ってもらうためにも、最後の最後まで感謝の念を忘れずに、しっかりとフォローします。お礼のメッセージを送るとそのお返事で、「今回のあれがよかった」、「これが驚きだった」、「今度はあそこにも行きたい」など、嬉しい感想をいただけることもあります。次回以降の参考になりますし、受け入れてくれたまち側へのフィードバックにもつなげられます。

◈人に会うまち歩きの効果

　人に会うまち歩きを実践して感じたことは、観光として洗練されたものでなくても、訪れた人は喜んでくれること、そして、地元の人に連れられて、まちの中の人とふれあえるツアーは、参加者にとってとても楽しく、強く印象に残るということです。単なる観光とは違う視点があるからでしょう。こうしたツアーでその地域に触れた参加者は、別の機会にまた、その地域を訪れてくれることがありますし、その後も何かと気にかけて、「小さな応援者」になってくれることもあります。

　また、受入れ側にも気づきが多いようです。ほかの地域の方との交流から、これまでとは違った視点が得られます。後述しますが、こうした交流の繰り返しが、まちの"土壌"をほぐして柔らかくしていくように感じます。そして、私にとっても、たくさんの人が自分の地元を話題にしてくれて、地元を体感してくれたこと、何かしらよい思い出をつくってもらえたことが、一番の喜びとなりました。

《事例紹介3》茨城ツアー

　人に会うまち歩きの気づきの多くは、私が東京出向時に、東京で知り合った人たちを私の地元である茨城にお連れし、まち歩きと地場食材たっぷりの交流会でおもてなしする「茨城ツアー」から得ています。年2回のペースで開催し、20名から多いときには40名ほどの参加をいただきました。観光の要素を持ちながらも、訪れるまちで活動する人に案内やレクチャーをお願いし、その人たちとは懇親会でも交流できる、「人に会いに行く」をコンセプトにしたツアーです。この茨城ツアーは、私が東京から茨城に戻った段階で終了しましたが、そのエッセンスは後述する「茨城まちづくりプラットフォーム」に引き継がれています。知人に自分の地元を紹介するツアーですので、企画する側も参加する側も、双方ともに楽しくて盛り上がります。皆さんもぜひ実践してみてください。

◆「歴史視点で地域をさぐる」まち歩きの6つのプロセス

　人に会うまち歩きが、主に地域の外の人に対して地域の魅力を伝える
ものだとすると、歴史視点で地域をさぐるまち歩きは、主に地域内の人
が、歴史散策などを通して、自分の地域の隠れた魅力を探索し、地域の
価値を再発見することです。ここでは、歴史や地理を切り口にした話を
しますが、ご自身の好きなこと、例えばラーメンやスイーツなどの美食
探索や、季節の花めぐり、映える風景さがしなど、興味の持てる視点で
はじめられてもよいでしょう。以下のプロセスに関してもご自身の興味
に照らして考えてみてください。大好きなものを通じてまちを知ること
や実際に歩いてみることは、とても楽しく心が弾みます。

　それでは、歴史視点のまち歩きについて、具体的な6つの準備プロ
セスについてお話ししていきます。

(1) 史料、資料、地図を読みこむ

　対象となる地域の、市史や古地図などを図書館で収集し、テーマに
沿って読み解いていきます。私は大学時代歴史専攻だったため、この作
業の時点でワクワクがとまらないのですが、何だか難しそうだし、そう
いった史料の面白さはよくわからない、という方もいることでしょう。
その場合の目のつけどころは、現在の地図を眺めてみて、地名や地形、
名所旧跡に注目したり、気になる場所をリストアップしてみたりするこ
とです。難しく考えずにあくまで自分の興味がある範囲でよいのです。

(2)「なぜ○○になった？」とテーマを決める

　情報収集をして、まち歩きのテーマを決めます。どのようなテーマに
するのかは、住んでいる地域であれば、一住民として昔から感じている
疑問を取り上げてみてもよいでしょう。テーマは、「なぜ○○なのか」
といった疑問形のほうが、参加者の興味を喚起しやすいです。

　私の場合、自分の地元である「龍ケ崎市」がどうして、龍ケ崎という
地名なのかをずっと疑問に思っていました。龍ケ崎市が「日本一カッコ
いい名前の市」にかつて選ばれたこともあったので、この際、龍ケ崎の
歴史まち歩きのテーマを、「日本一カッコいい市の名前"龍ケ崎市"は、

なぜ生まれた？」としました。

(3) 時系列、謎解きなどでストーリーを考える

案内人は、参加者をどのように案内するのか、そのストーリーを考えていきます。ストーリー立ての方法としては、時系列で整理することや、謎解きを使って組み立てることがあげられます。歴史人物をメインに据える場合には、時系列で整理するとやりやすいです。地名や地形から、まちの成り立ちを巡る場合には、現地で答えを見つけられるようなクイズや謎解きを取り入れてみるものおすすめです。

例えば、茨城の古代・中世の英雄である「平将門」にスポットを当ててまち歩きをした時には、将門の幼少年期、青年時代の争乱期、晩年の自立期、と時系列で３つに分け、それぞれのゆかりの地を巡ったうえで、最後は将門のお墓参りをするストーリーを立てました。

地元龍ケ崎の地名の理由を探るテーマの時は、その地名の理由としてあがる「天候」、「瑞祥」、「地形」、「領主」４つの説を１つずつ巡って解説をしていく、謎解きゲームのようなストーリーとしました。

(4) 一筆書きで巡れるルートを考える

ストーリーをもとに、地図とにらめっこしながら、当日巡るルートを考えます。無駄なくまわれるように、一筆書きで巡れるルートが最良です。参加する人数によりますが、徒歩以外にも、公共交通機関の活用や、乗り合わせによる自家用車の活用も考えます。ただ、車が通れる道かどうかは注意が必要で、特に歴史散策の際には、古くからの曲がりくねった細い道を通ることが多くなります。安全のためにも事前に下見をしておくと安心です。

(5) 説明する方法と内容をしこむ

まち歩きの最中に、要所で説明する際には、紙芝居などを用います。屋外の活動なので、軽くて汚れても気にならない紙ベースの説明手段が便利ですが、最近はタブレットなど電子機器を活用することも多くなってきました。説明は、わかりやすさを第一に、文字や図面・写真などを使って説明できると効果的です。説明のポイントは、まず参加者へ質問

を投げかけて考えてもらうことです。「なぜだろう」という疑問が興味となり、その場所での説明がより印象深いものになります。

平将門の回の1コマでは、「なぜ将門は強かったのか」と投げかけ、それがわかるスポットに行きました。そこは「馬場」という古くからの地名が残された場所で、地名の案内標識を見ながら、強さの理由の1つは「馬」だという説明をしました。その表示を見た時の参加者の盛り上がりようは、今でも忘れられません。まさに「アハ体験」でした。こうしたことが面白さのポイントになるのです。

(6) 現代へ向けた提言を意識する

歴史や地形が「現在とどのようにつながっているのか」。まち歩きの最後に案内人はこのことを参加者に投げかけ、皆で考えるようにしています。歴史を歴史で終わらせないように、現代に向けて提言できることを探して、皆で共有しています。これは一番重要なことです。まち歩きを楽しみながら、そこで学んだ歴史や地理が現在のまちにどうつながっているのか、現在へ提言できることは何か、自治体職員として忘れないでいたい視点です。

例えば龍ケ崎では、自然堤防の微高地にまちができていることを確認しました。地名からその成り立ちをたどっていくと、度重なる洪水にも負けず、この地域を拓いた先人たちの苦労と努力を身をもって感じます。そういった「開拓者」の精神を忘れてはならない、まちに対する思いをより強くした一例でした。

◇楽しむツールを用意しよう

さてここからは、まち歩きにおけるプラスアルファの仕掛けについてをお話ししていきます。まずは、自分自身がとにかく楽しむことが大切です。楽しんでいる人のところには自然と人が集まってきます。また、ちょっとした仕掛けを加えることで楽しみは倍増します。それを物語る面白いエピソードをご紹介しましょう。

私が主催するまち歩きでは、案内人はたいてい自作の「紙芝居」を用

意して，それをもとに案内や説明を行います。紙芝居とはいわゆる説明フリップのようなものです。私のつくる紙芝居は，1枚の紙に一言，キーワードを記すだけのシンプルな紙芝居ですが，絵や写真をふんだんに盛り込んでつくる人もいて，見ていて飽きません。つくり手側はいくらでもオリジナリティが出せますし，受け取り側にとってはわかりやすくて興味深いものです。紙芝居は，制作や実演が楽しいですし，案内・説明で活用することで相手の聴覚・視覚に訴えることができ，楽しさや印象深さも倍増するのでおすすめです。

　さて，この紙芝居を使って，まち歩きの最中に説明していたところ，たまたまそこに居合わせた見知らぬ人が足を止めてくれました。「何か面白いことやっているみたい」と参加者たちに交じって見入ってくれたのです。紙芝居の披露中に気がついたらオーディエンスが増えていて，緊張しつつもワクワクしました。私にとって紙芝居の魅力はまさに「D・I・D」。つまり「どこでも・いつでも・だれにでも」ということです。楽しい雰囲気を，D・I・Dでこれからも伝えていきたいです。

　また，楽しむためにはエンターテインメント性も大切です。例えば，「ゲーム」という手法や，キャッチーな「合言葉」の採用です。ゲームといっても，紙とペンがあればできるような，単純かつアイディア重視のものです。中世江戸を歩くというテーマの時には，「太田道灌が江戸に拠点を定めたのは，茨城の古河にライバル，古河公方がいたから」といった仮説をたて，「あなたなら，どこに城を建てるか」というゲームをつくって検証しました。簡易な地図とペンだけでできるものです。作成するのには一工夫必要ですが，ゲームにすることで難しい題材でも取っつきやすくなり，参加者の介入度も高まるのでおすすめです。

　またこの回では，「古河に公方がいた時代を関東では『古河時代』と呼ぼう」というキャッチーな合言葉を提言しました。古河市ゆかりの方が多い会だったので，参加者の愛郷心を高めたいと考えたところ，予想どおり盛り上がりました。

◆水平展開の仕掛けでプレイヤーを育てよう

　また、このようなまち歩きをいろいろな地域で展開していくために
は、参加者をオーディエンスから、案内ができるプレイヤーに育てる仕
掛けが必要です。地域に住んでいる人自身が、その地域の案内人になる
とスムーズです。多くの人に案内人となってもらうためには、準備プロ
セスをいわば「フリーソフト化」して共有を図っていくことが大切です。

　具体的には、活動の事例紹介などを報告する会を定期的に行うとよい
でしょう。そこで、活動の意義や内容だけでなく、前述した準備の6つ
のプロセスを共有することで、「これなら、自分にも案内ができるか
も、やってみたい」という気持ちになってもらうのです。

　実際に、準備プロセスを共有化することで、歴史に造詣が深いわけで
はないけれど案内役をやってみたいと、実践された方も出てきました。

◆歴史視点で地域をさぐるまち歩きの効果

　さて、歴史視点のまち歩きの効果として、大きく2つのことがあげら
れます。それは、「地域への愛着」と、「地域の宝探し」です。

　私たちの活動に参加したとある自治体職員は、所属する自治体が自分
の出身地・ふるさとではないことに、少なからずコンプレックスを抱い
ていたそうです。しかし、活動を通じてそのまちの歴史を丁寧に紐解
き、まちの成り立ちを知り、実際にまち歩きをしてみたことで、地域へ
の愛着と誇りが沸き上がってきたと言います。

　さらに、案内人を務めた人は誰もが、「案内人をやってみたら、自分
のまちがさらに好きになった」と口を揃えます。それは自分のまちへの
敬愛と言える、心からの思いでしょう。地域とは切っても切り離せない
自治体職員だからこそ、「地域への愛着」が高まることは、歴史視点で
地域をさぐるまち歩きの効果として、大変意義のあることです。

　また、年長の参加者からは、「『歴史の痕跡』をたどることは、いわば
『地域の宝探し』。公務員たちを中心としたこの"ごっこ"で、たくさん
の宝を見つけ、その宝をいっそう磨いていってほしい」との言葉をいた

だきました。自治体職員が、まち歩きという場づくりを通して地域の素材を見つけ、活性化に結びつけてほしいというエールです。地域の隠れた魅力をさぐり、地域の価値を再発見すること。自治体職員が好奇心を持ち、地域を楽しむこと。これは地域活性化の大きなファーストステップになると感じています。

《事例紹介4》歴史公共 "ほぼ" 学会（ブラタ○リ部）

　「歴史公共 "ほぼ" 学会（ブラタ○リ部）」は、ＮＨＫの「ブラタモリ」を参考に、まちの成り立ちを現地フィールドワークから歴史を通して紐解く会として、歴史好きの自治体職員等のメンバーとともに、2018年に立ち上げました。きっかけは、学生時代に日本中世史を専攻した自治体職員3名が偶然居合わせたこと。中世の歴史は今につながっているという話から、ＮＨＫブラタモリが楽しくて好き、自分たちも歴史地理の視点でフィールドワークをしてみたい、となり、"ブラタ○リごっこ" をはじめました。開催時にはタモリさんの役を決めてサングラスを着用したり、本日のお題を記した巻物を用意したりと、子供のような心で、全力で楽しんでいます。それと同時に、ひっそりと残された歴史の形跡や、どこか気になる地形、意味ありげな地名などに細かく反応し、マニアックな考察を重ねています。

　この独特な目線でまちを歩いてみると、土地のわずかな高低差や河川の位置などにより、まちがそこに生まれるべくして生まれてきたのだと気づかされます。自然・地理的条件や当時の歴史的状況から、いわば "必然的" にまちは成り立ってきたのだろうといった探求を続けているところです。

2節　地域のつながりづくりをはじめるプロセス

　この節では、「地域のつながりづくり」のつくり方と、それがもたらす効果について、まずは「ネオ県人会」という集まりの形成過程を例にお話しします。さらに、前節のまち歩きと地域のつながりづくりを合わ

	地域のつながりづくり（ネオ県人会）	まち歩き＋地域のつながりづくり
趣旨	地域・地元に関係する多様な人たちとのネットワークを形成する	まち歩きをメインにして、まちを知り、語り合う場を繰り返すことで、まちに関わる多様な人たちのネットワークを形成する
形成過程/仕組みづくり	(1) 個人の思いと出会いの積み重ね (2) 繰り返しの場づくり (3) 同様の活動をする会との交流・刺激	(1) 3部構成の組み立て方 　まち歩き→まち・地域の活動実践者の講演会→参加者によるディスカッション (2) 知的交流の仕組み (3) 経済循環の仕組み
効果	・肩書きにとらわれないつきあいを広める ・地域に関わる人（関係人口）づくり	・まち歩きの効果を一過性にしない ・まちや地域に関わる仲間づくり
事例	「ツナグ茨城」 茨城出身者等の異業種交流の場	「茨城まちづくりプラットフォーム」 茨城のまちを知り、語り合い、関わり続ける場

せた場づくりについても、その構成や仕組みづくりについて示していきます。（図表4－2）

◇地域のつながりづくりのプロセス「ネオ県人会」

　出身地から離れた地で結成される、親睦や郷土への貢献を目的とした県人会のことは、皆さんご存じでしょう。なかでもネオ県人会は、20代、30代が中心となって、SNSを活用しながら結成した、新しいかたちの県人会です。多くは、出身者でなくとも、その地に興味がある人ならば参加できるようになっており、よりオープンな集いであることは従来の県人会との大きな違いでしょう。

　今回このネオ県人会を"街"場の場づくりの例として以下の理由から取り上げます。まず、自治会などの地域に完全に密着したコミュニティとは違って、新たに立ち上げ、つくることが比較的容易であることがあ

図表4−3　ネオ県人会形成の3つの段階

個人の思いと
出会いの積み重ね

繰り返しの場づくり
→つながりの連鎖

同様の活動をする会との交流・刺激
→会の活性化

ります。それでいて、スポーツなど趣味の集いとは違い、地域に興味を
持って関わることを目的としているので、地域活性化やまちづくりへの
貢献との親和性が高く、地域活動の1つだと言えるからです。

　ネオ県人会のつくり方のアプローチ（**図表4−3**）は、その地域のこ
とが好きだから応援したい、といったゆるいネットワークを形成する
際、すなわち地域のつながりづくりに応用することができます。

◇ネオ県人会3つの形成過程

　ネオ県人会の形成過程は次の3つに整理できます。

（1）個人の思いと出会いの積み重ね

　ネオ県人会のように、目的的に関心を共有して集う場は、個人の思い
と偶然の出会いが、形成の発端になります。発起人の強い思いと、多様
な場に積極的に参加することで得られる、出会いの積み重ねです。

　私の場合は、県東京事務所への配属で、数年間の東京在住となった時
に、限られた期間内に東京で茨城人としてできること、「茨城と東京を
つなぐ活動がしたい」と考え、この活動の基盤となる「若手県人会」的
な場がほしいと思ったことがきっかけでした。しかし、このことを業務

で進めるとなると、どうしても自治体職員や地方銀行等の出向者で構成せざるをえなくなり、多様性の乏しいものになりそうだと考え、プライベートで進めていくことにしました。

　当面の課題は、若手の茨城出身者をどう見つけていくかでした。そこで業務ではなく個人として地域に飛び出し、東京で開催している勉強会、交流会に積極的に参加しました。目的はそれぞれ自学なりネットワークづくりなりでしたが、頭の片隅には茨城出身者との出会いを置いて、会への参加を繰り返し、自分が茨城出身であることを公言しました。すると、民間企業に勤める人をはじめ、記者やデザイナー、起業家や士業の人など多様な職種の茨城出身者と出会うことができました。

（2）繰り返しの場づくり

　場を広げていくには、SNSなどの媒体を活用しつつ、顔を合わせて話をする機会をつくり、それを定期的に繰り返していくことが重要です。こうした出会いを積み重ねていくことで、つながりがつながりを呼ぶ「つながりの連鎖」が起こります。それがネットワークの鍵となっていくのです。

　例えば、ネオ県人会「ツナグ茨城」では、懇親会や勉強会といったオープンでリアルな場づくりを2、3か月おきに行うことで、参加者の口コミやFacebookのイベントページも盛り上がり、参加者が増加しました。まさに、つながりがつながりを呼んだ結果です。また、茨城出身者ではない方が、「私の知り合いに茨城出身者がいるので紹介したい」と協力を買って出てくれるようなつながり方もありました。

（3）同様の活動をする会との交流・刺激

　一定程度、場が成長すると、マンネリ感や停滞する時期が訪れます。そうしたときには、同様の活動をする会との交流が刺激となって、場の活性化に資するということがあります。では、同様の会とはどのように交流を持てばよいのでしょうか。まずは、場のメンバーがそれぞれ個人でほかの会に参加してみることです。そこでできた縁によって、その後に会同士が協働してイベントを開くといった方法があります。

ツナグ茨城では、全国のネオ県人会が集まるイベントに参加し、ほかのネオ県人会と交流を深めることで、さらなる飛躍を遂げました。このイベント参加によって刺激を受けて、県よりももっと細かな単位である市町村ごとに集える場「出身地 day 茨城」の企画が生まれました。

◇地域のつながりづくりの効果

地域のつながりづくりの効果としては、まちや地域に関わる人と、肩書きにとらわれないつきあいができることがあげられます。自治体職員以外の方との仲間づくりは大変貴重な経験です。

また、地域のつながりがつくられることで、それがきっかけとなって、地域に関わる人が生まれてくるという効果もあります。関係人口という言葉を聞いたことのある人も多いでしょう。住んでいなくても、その地域に関わろうということです。まちに関わる人が増えれば、まちの活力も増します。ネオ県人会は、出身者を中心に構成されていることもあり、この関係人口づくりに寄与しています。実際に、ツナグ茨城で出会った人たちが、互いに思いを共有し、地元でイベントを開催するといった動きも出てきています。

《事例紹介 5》茨城のネオ県人会「ツナグ茨城」

ツナグ茨城は、「地元への思いをカタチに」をコンセプトに、主に若手茨城県出身者が集まる異業種交流の場です。首都圏で活躍する若手茨城人の多くは、「地元のために何かしたい。何かできないか」という強い思いを持っています。そういった思いを何らかのかたちにしていく、そのきっかけとなる場を目指して2013年12月に設立しました。地元で活躍する若手茨城人の話を聞く機会を設け、情報交換や交流を図っています。「関係人口」を増やしていくことも目的にしており、Facebook のグループには約800名のメンバーが登録されています。

ネオ県人会として、「茨城」をテーマにいろいろと企画してきましたが、より細かな単位である「市町村」や「地域」で集まる場を設けたら、

同窓会のような懐かしさと地元ネタでさらに盛り上がれるのではないかと考え、2016年9月「出身地day茨城〜ツナグ茨城わがまちサミット〜」を開催しました。当日は約100人もの茨城関係者が集い、地元や首都圏等を「ツナグ活動」の紹介をし、市町村・地域ごとのディスカッション「市町村カフェ」も実施。大きな盛り上がりをみせました。好評を得て、その後も、「出身者day茨城」は毎年開催し続けています。

◇まち歩き＋地域のつながりづくり

　最後に、まち歩きと地域のつながりづくりを合わせてみたらどうなるのかを考えてみます。まち歩きをメインに、まちを知り、語り合う場を繰り返していくことで、まちに関わる多様な人とのネットワークを形成することができます。ここでは、その構成の組み立てや仕組みづくりについて、私が実践している「茨城まちづくりプラットフォーム」をもとに、大きく3つほどお話ししていきます。

（1）3部構成の組み立て方〜まち歩き・講演会・ディスカッション

　まち歩きと地域のつながりづくりを合わせた場をつくるときには、私のいまのところの結論として、まち歩き→まち・地域における実践者の講演会→参加者によるディスカッション（＋交流会）といった3部構成のかたちがよいと考えています。なぜ、3部構成がよいのでしょうか。

　3章でお話しした"学"場の自主研に多く見られるような座学メインの勉強会では、「インプット」と「アウトプット」の2つを大事にします。ここに、インプットの1つである「まち歩き」が加わりますので、合計3部の構成となります。まち歩きと講演会という2部構成も考えられますが、アウトプットの機会確保と後述の振り返りにつなげるためにも、ディスカッションを含んだ3部構成の方が望ましいです。時間配分としては、4：3：3または4：4：2とすると、メリハリがついて、参加者の負担感も小さいです。

　まず第1部として、まち歩きを行います。概ね1時間から2時間程度、テーマに沿った場所を巡ります。まち歩きの手法は、前節を参考に

してください。

　第２部は、まち・地域における活動実践者の講演会です。ここでもテーマに沿ったかたちで実践報告のお話をいただきます。長くても１人20分程度で、複数人から切り口を変えてお話しいただくことが望ましいです。第１部でまち歩きを行っているため、あまり長く話を聞くのは参加者が疲れてしまいます。

　以前、古河で行った時は、地域のためにアクションを起こしはじめたいわばまちの「プレイヤー」となった若い４人と、それを支援する方とのパネルディスカッションを行いました。どなたか１人に講演会的に話してもらうのではなく、そのまち・地域の実践者から多角的な視点で話をしていただくことが理想的です。

　そして第３部は、参加者同士によるグループディスカッションです。アウトプットの時間として、まち歩きや講演会の感想を共有したあと、まちの魅力づくりのアイディアを提案し、参加者自身の今後の実践などについて話し合います。終了後には、交流メインの懇親会を設けると、なおよいでしょう。

(2) 知的交流の仕組み〜イベント全体の段取り・振り返り

　参加者に気づきを多く得てもらい、また魅力ある提案が多く出ることに結びつけるためには、テーマ設定とともに、知的交流の仕組みづくりが重要です。では、どのように段取りを進めていけばよいのでしょうか。

　イベント開催の２、３か月前に、対象となる地域・まちでキーマンとなる人たちと打合せを行い、テーマを決めて流れを組み立てていきます。具体的には、①そのまちに合ったテーマ、②まち歩きの案内人、③２〜５名程度の講演者、④メイン会場と懇親会会場の４つを決めます。

　ではなぜ、テーマ設定が大事なのでしょうか。限られた時間の中で、まち歩きと講演会を実施するためにも、巡る場所や話す内容は、一定程度絞り込んでおく必要があります。また、まち・地域の受入側の人にとって、今課題となっていることや関心が高いことをテーマとすることで、このイベントを通して、双方に多くの気づきを得てもらうことがで

きます。

　当日はテーマに沿ったかたちで、まち歩き、講演やグループディスカッションを行います。会の終了後には、参加者アンケートを実施し、まちに抱いた印象やまちづくりへの提案を集め、幹事メンバーが分析します。開催1か月後をめどに「振り返りの会」を実施し、参加者の気づきやまちへの提案をもとに、幹事メンバーと受入側の地域の人たちがともに考える機会を設けていきます。

　例えば、古河でイベントを行った際のテーマ設定は、若者が地域に関わりはじめていると聞き、その流れを推進するため、「誰もがプレイヤーとなるまちづくり」としました。まち歩きでは、プレイヤーとして活動をはじめた方が交流拠点とする場所やお店を巡りました。講演会ではプレイヤーの方々からお話しいただき、「どうしたらプレイヤーは増えるのか」という参加者同士のディスカッションを経て、気づきや提案をアンケートに書いてもらいました。翌月にアンケートの分析と提案をまとめて、古河の人たちとともに振り返りの会をしたところ、若手へのアプローチ手法などについて、地元の人にも多く得るものがあったとのことでした。

　このようなプロセスを経ることで、多人数で知的交流を行う仕組みとしての"学び合いの場"が、できてきているように感じています。単にイベント開催で終わらせずに、比較的長期にわたって、地域の人たちと知的交流を続ける一連の行為を重視しています。

（3）経済循環の仕組み～お土産による地域経済還元など

　最後に、地域の経済が回る仕組みについても考えていきます。まず、イベントの参加者に地元の「お土産」を用意することで、僅かでも地域経済への還元を図ります。もちろん参加者自らが当地でお土産を購入することもありますが、会からのお土産として、まちの人がセレクトした名産品が用意されているのは嬉しいものです。また懇親会も、地元の人おすすめの飲食店にて開催します。

　なお私の会では、参加費は実費のみを預っています。お土産とお茶代

で400〜500円を想定し、その他会場費等を見込んで、概ね1000円となることが多いです。また案内人や講演者への謝礼についても、現金でお支払いするよりも、地域経済還元と当地PRの観点から、幹事側の地元銘菓などを贈る、という手法をとっており好評です。

　このような知的交流や経済循環の仕組みは、会を重ねることで新たなアイディアが生まれ、練られてきますし、参加者も口コミなどによって広がっていきます。ツナグ茨城の例でもお話ししたように、繰り返しの場づくりは重要なのです。

◇まち歩き＋地域のつながりづくりの効果

　まち歩きと地域のつながりづくりを合わせることによる一番の効果は、まち歩きでの学びを一過性にしない、ということです。まち歩きというイベント的な場と、そこに集う人のゆるやかなネットワークの場を合わせることにより、知的交流のところでも述べたように、まち歩きで得られた気づきを、空間的にも時間的にも広く長く共有することができます。もちろん、仲間づくりという効果も大きく、まちや地域に関わる人たちが次々とつながっていきます。

《事例紹介6》茨城まちづくりプラットフォーム

　「茨城まちづくりプラットフォーム」（略称まちプラ）は、茨城のまちを知り、語り合い、関わり続けることをねらいに、まち歩きを軸に知的交流を行う会です。学習会等も含め最近では月1回ペースで活動をしています。

　私自身ずっとまちづくりに興味を持っていて、2006年から4年間、庁内公募が叶い、県中小企業課にて商店街の担当となりました。

　そこで、まちの人たちの熱意やまちづくりの奥深さにふれ、もっと学びたいという気持ちから独学で中小企業診断士を取得。2011年からの東京出向時には、診断士の研究会やまちづくり協会にも参加し、まちづくりの専門家たちとつながることができました。

　仕事では商店街担当を離れても、やはり茨城のまちが好きで気になる。

担当時代に培ったネットワークや東京での人脈も大切にして活用していきたい。そういった思いから、2015年茨城に戻ったことを契機に、第1回「茨城まちづくりプラットフォーム」を開催しました。

ある専門家の方から「茨城のまち・地域の"土壌"はかたい」と言われたことも発足のきっかけの1つです。融通が利かず、他を受け入れない風土だというニュアンスです。そこで、まちの内・外の普段は出会わない人たちが、まちを通して知り合って、まちづくりを語り合う機会をつくりたい。そういったことを繰り返していくことで、かたい土壌がほぐれて、やわらかくなっていったら嬉しい。そんな思いを持って、まちプラの活動をはじめました。

活動の参加条件は厳しく限定せず、「茨城のまちづくり」に興味のある人ならどなたでも、まち歩きを楽しんでもらいながら、地域の人たちのお力を借りて、ともに学んでいこう、という趣旨で進めています。商店街、地元住民・出身者、専門家、そして自治体職員など、年齢も肩書きも多種多様な人たちが自然と集まってくれています。会の幹事は、自治体・商工会などの職員兼診断士の人たちに担ってもらっています。これまで、茨城の常陸太田、水戸、潮来、古河、龍ケ崎など、12の地域でまち歩きを実施してきました。龍ケ崎の時は地元高校とコラボし、高校生がまち歩きの案内を担ってくれ、広い世代の交流が生まれました。また、まち歩きを中心としたイベントとは別に、2017年からは座学の「学習会」も実施し、「公共交通」「クラウドファンディング」「農業」「担い手づくり」「商店街」「起業」など幅広いテーマで、参加者間の知的交流を行っています。

3節 "街"場の場づくりを自治体職員が行う意義

　この章の最後に、"街"場の場づくりを自治体職員が行う意義について、職員自身、業務・職場の人たち、まち・地域の人たちの3つの視点から示します。

◇職員自身の視点から

　まずは職員自身の得る価値について考えてみましょう。地域での活動によって、自治体職員は地域の人たちとのつながりはもちろん、活動への人の巻き込み方といったスキルを得ることができます。そして、一番大きな意義は、自分が一住民であることを再確認できることです。職員を長く務めていると、ついつい職員としての考え方や姿勢が身についてしまいます。まったくの思い違いですが、協力事業者などに対して、上から目線で立場を背景とした物言いなどをしてしまう職員も、悲しいかな存在します。

　住民が公共的視点を持ち、地域で活動することは、いまやめずらしいことではなくなっています。一方で、行政組織で働く私たちは、他者の尊厳や権利の平等といった、市民的視点を身につけて振る舞うことができているでしょうか。自治体職員としての自分の姿を振り返ってみるとともに、相手の立場や気持ちを慮ることができる、痛みのわかる職員になっていきたいですね。

◇業務・職場の人たちの視点から

　職場・業務にはどのように影響するのでしょうか。地域に関わるということは地域をよく知ることにつながります。自治体職員として、その地域の実情や地域の人たちについて、きちんと情報として把握しているだけでなく肌感覚で知っているということは、大きな強みになります。職場に、地域に精通している職員がいることは、血の通った現場視点の施策づくりを進める上で、とても重要なことです。章末の兵庫県朝来市

の馬袋真紀さんのお話にもあるように、地域の活動はいわば、「小さな社会実験」です。制度や仕組みを生きたものにしていきましょう。

　地域に関わる部署に異動になったときには、地域とのつながりが直接活かされることはもちろんのこと、それ以外の部署でもつながりは活きてきます。私も、地域とは一見関係のない部署にいたときに、地域活動で出会った方とのつながりが大いに活かされ、業務の助けになったことがありました。あなたが持つ地域のつながりや発見した魅力を、業務に活かすことで地域の活性化に結びつくならば、自治体職員冥利に尽きると思いませんか。

◆まち・地域の人たちの視点から

　では、私たちが一住民として"街"場の場づくりを行うことで、まち・地域の人たちにとって役に立てることは何なのでしょうか。

　自治体職員は煩雑な事務処理には慣れており、行政の内実もわかっています。公務員法上守秘義務があるのでそこは厳守しますが、もっとラフな部分で、助言やお手伝いをすることができます。例えば行政手続に向けた膨大で難解な行政文書は、初めて目にする人にはとても手強く感じます。しかし職員であれば、「この文は何のことを言っているのか」、「たくさんある中で大事な情報はどこなのか」、といったことが感覚的に即座につかめます。また、「こんなことで悩んでいるのだがどこに行ったらいいのか」といった相談に対しても、「それなら〇〇課に相談室がある」とか、「今こういった施策があるので使えそう」など、何かしら具体的なアドバイスをすることができるのです。

　また私たち職員が思っている以上に、実は地域の人たちは行政機関に対して身構えているようです。何も怖いことはない、むしろ地域のためのサービス機関なのに、と思うのですが、それは内の者の感覚かもしれません。しかし、あなたの存在が地域の人たちにとって身近であれば、そのことが行政のイメージを一変させる好機になります。

　事務処理能力などのスキルを活かし、役所とのつなぎ役として、地域

の人に行政に親しみを持ってもらい、気軽に活用していただくためにも、私たちがその一助となれたら、こんなに嬉しいことはありません。

　"街"場への関わり方は人それぞれです。私自身、好きなこと楽しいことなど、自分の「関心」を軸に"街"場の場づくりを進めてきました。章末インタビューの馬袋さんのように、ご自身の「暮らし・家庭」の延長である地域において、場づくりを進めている人もいらっしゃるでしょう。生活に密着した地域の場づくりでは、その地域で楽しいことやワクワクすることが生まれることで「地域の価値」が高まって、それがそのまま自分の暮らしや家庭に、よい影響を与えてくれます。さらに、そんな生活や地域の延長に、自分の勤める役所があると捉えることで、役所で行う業務が、地域のみならず、自身の暮らし・家族にも直接つながっていることを実感できます。現場や"街"場の場づくりが、自身の生活に直結するのです。そうした、自分の仕事・地域・暮らしがすべてつながっている、垣根のない場づくりも、私たちが目指したい場づくりのかたちだと言えるでしょう。

市民目線で地域を楽しく

馬袋真紀（ばたい・まき）さん
兵庫県朝来市総合政策課長補佐兼創生企画係長。入庁以来、
自身が地域に市民として関わりながら、地域自治のあり方を
模索している。与布土地域自治協議会つながりの郷部会長、
朝来市スポーツ推進委員の一面も。「あさごまちづくりカ
フェ」から生まれた市民グループ「あさごぜる」が行う拠点
づくりにも、住民として加わった。

――馬袋さんはお仕事で市の地域自治に関わるほか、1人の市民としても活
発に活動されています。人々をつなぐ地域活動のきっかけは何だったのです
か？

　市町村合併後、市民自治・地域自治についてのしくみづくりを仕事として
担当することになりました。私は旧山東町の職員でしたが、隣町だった旧生
野町では、すでに市民自治のまちづくりが進められていて、自治基本条例も
早々に制定されていました。これには、私はもちろん旧生野町以外の職員は
大きな感銘を受けます。そこで、新市で小学校区単位の地域自治組織「地域
自治協議会」の設立など地域自治のしくみづくりをはじめることになり、私
の住んでいる地域もモデル地区となったのです。私は、仕事としてその担当
をしたのですが「誰かにやってもらうのではなく、自分たちでこういう地域
をつくれたらいいよね」と、市民が自分で考えて動ける、そういった組織に
したくて、私が住む与布土地域では、ワークショップ形式を持ち込んで場を
つくっていくことになりました。そして5回にわたるワークショップを通じ
て、市民の皆さんの主体性が発揮されていくのを目の当たりにします。

　市職員として制度やしくみをつくることはできるけれど、そこに市民の主
体的な関わりがないと、生きた制度・しくみにはならない。だから、市民の
皆さんが主体的に考え、それによってものごとが動いていくということが、

第4章

すごく大事なのだと感じました。同時に、まちをつくる一員である楽しさや
ワクワク感もポイントです。自分が楽しいと周りも楽しくなり、その結果ま
ちが楽しくなっているというように、つながったものにすることで、うまく
回っていくという気づきがありました。この地域自治協議会は13年間続い
ています。

　それまでは行政と市民が、一緒に何かをやっていくという感覚はなかった
のです。でも、ともにワクワクを感じながら新しいまちや地域をつくってい
こうとなれば、市民から見た行政の職員も、一緒にまちをつくっていく仲間
であり一員です。逆も同じで、対立構造ではないし、一方的に何かをしたり
させたりするのではない。この関係性は大切です。

　それから、私は「市民目線」という視点をとても重要視しています。これ
には2つの意味があって、1つはまちづくり、地域づくりを進めていくうえ
で、必要なしくみや事業を市民の視点になって考えるということ。「まち」
というのは、そこに住んでいる1人ひとりの暮らし方や生き方などで成り
立っているものです。まちのビジョンを語るときには、「イメージのまち」
を主語にして語るのではなくて、住んでいる1人ひとりの顔や名前ができる
だけ浮かんだ状況で、その人がどういう暮らしができるのか、どういう生き
方をしたいのか、というところで語っていくことが大事だと考えます。

　もう1つの市民目線は、私自身もそうである納税者としての目線です。市
役所のお金の使い方について、「納税者の人がそれでいいと納得していると
胸を張って言えますか」と常に問いかけています。納税者である自分自身が
納得できるかどうかはとても大切なことです。

──馬袋さんは、地域に入られるときにどのようにして信頼関係を築かれて
いるのですか？

　自分の地元で話をするときは、小さい頃のエピソードからはじめて「私の
不安や喜びは皆さんとともにあったもの」ということを最初に伝えました。
すると「市役所の馬袋さん」ではなく、「与布土（地域）の真紀ちゃん」に

なる。ほかの地域でも、少し話す内容は違うけれど、一緒にやっていく仲間なんだよ、ときちんと伝えます。

　市民として、住んでいる地域以外の場所で活動に加わるようなときは、どの人に先に話を通しておくとよいかなど、その地域内に独特のルールのようなものがあるので、まずはそれを把握すること。市職員はそういった情報を入手するのが得意ですし、地域の内の人と外の人、年配者と若手、そういった間に入るコーディネーターとしての役割を担うことができます。年配の人たちがわかる言葉や表現で伝えていき、逆に重鎮の話や地域のルールを、若手に伝えていきます。

　また、地域に入るときに「役所の職員」として見られることに抵抗があるという声も聞きますが、心配ご無用です。１人の人として付き合いはじめると、役所の職員というバックボーンは全く関係ありませんし、まわりはそんなに気にしていないのです。地域ではお互いの得意分野や仕事についてうまく活かしあっています。建物についての疑問があった時に大工さんがいたら聞いてみる。市役所の施策や事業のことを聞かれるのも、それと同じことです。私たちがそれぞれ仕事で培ってきた能力なのだから、「よくぞ聞いてくれました」と思えたらいいですよね。

　それから、何かやってみたいけれど何をどうしたらいいのかというときは、あまり気負わずに、自分の好きなこと、興味があること、生活の延長であるところから入っていくと、スムーズに進められると思います。活動をすることで自分の生活のプラスになることだと、やりやすいし続けやすいです。

──地域活動を続けていくには、どのようなことに留意することが大切ですか？

　地域の活動は、仕事とは違って、義務的なものではないのです。何々をしなければならないと思った時点で、楽しくないし、主体的でなくなります。こうあるべき、ということもなく「これをやりたい」「こんなことならできる」と、立場や年齢や経験などによって、人それぞれ自分に合った携わり方

ができると思います。みんな違った関わり方だからこそ、互いの違いを認め合えて、自然な気遣いも生まれます。私自身、リーダー的な役割を担うこともあれば、リーダーを支えるような役割を担うこともある。ちょっと間に入るコーディネーター的な役割とか、俯瞰して横で見ているときもあり、その時その時に合わせています。その入り込み加減の調整は、仕事で培ったところもあります。

　それから、こうした活動は、誰だって身や心が向かなくなるときがあるものです。だから疲れたら休んでいい、気乗りしないときは参加しなくてもいい、といったことが認められる雰囲気づくりも大切にしています。出入り自由の開放的な場にしておけば、誰かが担えなかった分はほかの誰かがちゃんとフォローしてくれます。さらに、誰もが主役になれるような、「私、これがやりたい」と安心して言い出しっぺになれる環境にしておくことも大事です。「言ったら言い出しっぺが責任取らなきゃいけない」となってしまうと、新しいアイディアも言い出せなくなります。アイディアを言うのはタダなのだから、誰も責任なんて取らなくていいのです。それくらい、安心して言い出せる雰囲気づくりをしていくことが、長く続く場を支えます。

　また、地域って本当にいろんな人がいて、大概のことがお金なしでできてしまいます。何かが得意な人がいれば「私これ準備してくるわー」って。備品も集まりますし、時間の融通もしあえる。お互いが持っているものを自然に持ち出せるような関係性をつくっていけます。やっぱり、基本的に楽しいからできるし、続けていけるのです。最初は「こんなことしたい」「こんなのもあったらいいな」からはじまって、最終的には地域の課題解決になっているのです。

　地域の中で「こんなことをやったら面白い」「あんなのも面白い」と、多様な"オモシロイ"がどんどん生まれて、「私ちょっと言いづらかったけど、実はこんなことしてみたいねん」と言いやすくなっていく。「いいね、やろうよ」と、ものごとが動いていく。それが最終的に、「こういう地域にしていきたい」というところにつながるのは、まさに醍醐味です。

──地域に入り込むと、自治体職員にはどんなよいことがありますか？

　よいことは山ほどありますが、３点ほどお話しします。

　まずは自分にチーム力がつきます。仕事も地域活動もチームです。チーム力がグッとあがるのは、チームのみんなが楽しんでいて、やる気があるとき。１人ひとりが持っている力を引き出して、それぞれ得意なところをつなぎ合わせて、物事を動かしていくことで、チームの力は高まっていきます。こういったことを普段から地域活動で実行しているから、仕事の場でも活かすことができます。すると自分自身も楽しく主体的に仕事に取り組めるようになるし、課の雰囲気もよくなっていったりします。

　また、事業を企画していく時に職員に求められる力、政策立案能力や実行力などは、地域活動ですでに実践をしているわけですから、当然、仕事で活きてきます。それと、地域の活動は社会実験的に考察することができます。活動を通じて学んだこと、こういうアプローチにはこういう反応が出るといったことを、概念的に見て抽象的に分析してみる。その論理を援用して活かせば、仕事に大いに役立ちます。「小さな社会実験」と捉えられるかもしれません。

　さらに、いろいろな施策を立案していく際に、特に制度設計などは、タイミングとか内容とか、本当に細かな実情を知っておかないと、机上の空論になります。そういったことの実情は、地域で活動しているからこそわかることなのです。

──最後に、「場づくり」は自治体職員にとって、どんな意義があるとお考えですか？

　地域活動をすることで、顔見知りが増え、さらに一緒に活動することで関係性が深まります。そういう人たちが、いろんな活動を通して数珠つなぎ的に増えていきます。そうなると、自分のまわりで起こっていることが他人事ではなくなります。相手の顔が見えているから、真剣に何とかしたいと思う

ようになるのです。同時に、つながりがあって、顔が見えるから、楽しさや
ワクワクも増えていく。それは安心にもつながります。

　まちは、１人ひとりの暮らしや生き方で成り立っています。だから、その
人たちを大切にしていかないと、いくらよい制度やしくみを作っても、機能
しないと思うのです。施策や事業に命を込める、魂があるしくみにしていく
ためには、顔の見える関係性を築いていくことが大事です。

　そして、地域に関わり、地域で支え合うしくみをつくることは、必然的に
自分や家族によい影響として返ってきます。地域活動は、自分たちの暮らし
や生き方の延長にあるものです。我が家にとってもプラスになることだと、
家族が実感するので、活動に際して家族の理解を得やすくなります。

　職員としても住民としても、地域に関わり、地域とつながりがあることは
本当に大切なことです。「自分たちでいかにまちをつくっていくか」と考
え、自発的に「これがしたい」という "will" からはじまる地域づくりを、こ
れからも続けていきたいと思っています。

　一住民として地域で活躍されている馬袋さん。市民目線、生活の延長という
考え方の中には、私にはない視点も多くて、新鮮でした。政策と地域活動とが
好循環を形成している点も含め、朝来市、与布土地域は地方自治の本旨である
住民自治をまさに体現していると実感しました。（助川）

第5章

4つの場をつないでいこう！
越境・融合編

　さて、これまで「職場（Ⅰ）」「現場（Ⅱ）」「"学"場（Ⅲ）」「"街"場（Ⅳ）」と4つの場に分類をして、それぞれお話ししてきました。分類ができるということは違いがあるということで、それぞれの場を規定し、区切りを生んでいる「壁」があるとも言えます（**図表5-1**）。

　心理的に一番高い壁となるのは、職場・現場という業務上の場から、"学"場・"街"場という業務外への場を区切る壁でしょう（仕事かⅠ・Ⅱ→仕事でないかⅢ・Ⅳ）。業務外なのに、どうしてわざわざ休日にまで学び合いの場をつくりたいのか、地域で活動を行いたいのか、そんなふうに感じる自治体職員もいるかもしれません。

　また、職場から現場、"学"場から"街"場というように、地域へ関わり、入り込む際の壁もあるでしょう（内向けⅠ・Ⅲ→外向けⅡ・Ⅳ）。

図表5-1　4つの場に生じる、「壁」の例

	対職員（内向け）	対地域（外向け）
業務上	Ⅰ「職場」	Ⅱ「現場」
業務外 自発的	Ⅲ「"学"場」	Ⅳ「"街"場」

━━━仕事ではないのになぜ？という「壁」
〜〜〜地域に出ることへの不安という「壁」

自治体職員同士ならば考え方が似ている部分もあり、ともに活動もしやすいものです。しかし、地域にはいろいろな立場の人がいて、地域特有の考え方もあります。自治体職員という立場でありながら、地域に飛び込んでいくことに不安を感じることもあるでしょう。

　"街"場という地域活動における自分と職場での自分は別人格である、というように、それぞれの場で立ち居振る舞いを変えることもあるかと思います（Ⅰ／Ⅱ／Ⅲ／Ⅳ）。町内会での自分と、仕事をしている自治体職員の自分は全く別物ととらえるのは、自然なことかもしれません。私自身、若い時は自主研で活動していることを職場ではひた隠しにし、自主的な活動と仕事とは全く別なものだと切り離していました。

　しかし、そのことでどこかモヤモヤした気持ちになるならば、どのようにして解決に向かっていけばよいのでしょうか。ここでは、それぞれの場を取り巻く境である「壁」、その「壁を越える＝越境」という考え方や、「壁自体をなくす＝融合」という視点が大切になると考えます。

　この5章では、それぞれの場の壁を越える「越境」と、場同士の相乗効果について、1〜4章のインタビューで伺ったお話や、私自身の体験をもとに掘り下げていきます。さらに、場づくりのその先にあるものとして、場を「融合する」ことについて触れていきます。

1節　越境と相乗効果

◇「越境」とは何か

　本書では、前述のように場の4分類の境である「壁」を越えることを「越境」としています。私たち自治体職員の日常で言えば、普段の職場だけの世界から、自主研や地域活動に飛び出すこと、役所や市域を飛び出すこと、こうしたことがこの「越境」にあたるでしょう。

　ちなみに、3章でお話しした「関東自主研サミット×いばらきレボリューション」によるコラボレーションイベント「越える勇気つながる結城」では、この「越境」をテーマに据えて、「越境する公務員」や

「越境する自主研」のトークや参加者間のワールドカフェを行いました。ここでは「越境」とは「職場や組織を、公務員の垣根を、自治体の枠を、県域を越える」こととし、さらには「自分でつくっていた心の境を越えよう」と宣言して、みんなで確認しあいました。

ここで、あらためて私自身の「越境」について整理してみます。

職場（Ⅰ）の内部検討会などから場づくりの基礎を学びつつ、このままでよいのかといったモヤモヤとした将来への不安から、"学" 場（Ⅲ）の自治体職員のネットワークへの参加や、自主的な勉強会の立ち上げといった場づくりを行ってきました（①）。

また職場の場づくりで学んだ基礎は、別な場でも活きました。業務として商店街支援に携わった際には、積極的に地域の人と関わり、現場（Ⅱ）での様々な場づくりを通して、ネットワークづくりに力を入れました。地域をもっと知りたい、そこで活躍する人から学びたいといった好奇心が原動力だったと思います（②）。

ほかの部署に異動してもその思いは残り、実践を進めてきたものの、直接の担当ではないので、業務として場づくりに関わることはできなくなります。そんなときには、業務外として、商店街のつながりや自主研で出会った職員有志の力を借りて "街" 場（Ⅳ）での場づくりを進めてきました（③）。4章でふれました「ツナグ茨城」や「茨城まちづくりプラットフォーム」などはまさにそれにあたります（**図表5-2**）。

図表5-2　場の越境（筆者のケース）

	対職員（内向け）	対地域（外向け）
業務上	Ⅰ「職場」 内部検討会 職員研修の企画	Ⅱ「現場」 商店街支援とネットワーク 県人会業務
業務外 自発的	Ⅲ「"学" 場」 政策研究系の自主研 自主研サミット	Ⅳ「"街" 場」 ツナグ茨城 まちづくりプラットフォーム ブラタ○リ部

◇場同士の相乗効果

　このようにそれぞれの場を越境してきた結果、場づくりには、場で得たことが影響し合う相乗効果があり、いくつかの場に関わっていることによる効果があることを実感できました。具体的には、"学"場で得たつながりやノウハウが職場の研修業務や自主研支援に、"街"場で得たつながりが緊急時の経済支援現場の助けになる、といったように直接的に業務に活かされてきます。また一見直接的でなくとも、場にいる人たちの意見をまとめていく合意形成能力や、イベント運営にあたって得たスキルは、会議での見える化や心理的安全性の醸成などの基礎となり、日々の業務遂行に欠かせないものになっています。一方、日々の職場で培われた事務処理能力が、自主研や地域活動における実践の大きな

図表 5 － 3　越境と相乗効果

	越境の一例	主な相乗効果
	きっかけ	
今村さん	Ⅰ→Ⅲ（自主研）	Ⅲ→Ⅰ OMのつながりが直接業務に影響 Ⅲ→Ⅱ 自主研のつながりから仕事上の関わりができる
	職員の不祥事に端を発し、組織風土について自発的に話し合う場ができたこと	
中本さん	Ⅱ→Ⅳ（住民劇団）	Ⅳ→Ⅱ 地域との距離の取り方の体得 Ⅱ・Ⅳ→Ⅰ シティプロモーションのアイディア、人脈の獲得
	文化ホールの担当を離れても関わりたい気持ち	
坂本さん	Ⅰ→Ⅲ（自主研）	Ⅲ→Ⅰ・Ⅱ 職場内でのOMの活用 地域への視点の獲得や愛着の醸成
	自治体職員としての知識・情報不足を痛感したこと	
馬袋さん	Ⅱ→Ⅳ（自治組織）	Ⅳ→Ⅱ、Ⅰ→Ⅳ 地域で「小さな社会実験」を繰り返し、政策に命を込める
	合併前の各町の政策づくりからの刺激	

Ⅰ－職場、Ⅱ－現場、Ⅲ－"学"場、Ⅳ－"街"場

力になっていることは言うまでもありません。

　図表5-3に、インタビューに登場いただいた4名の越境経験やその
きっかけ、そして相乗効果についてまとめました。「I職場」「II現場」
「III "学"場」「IV "街"場」それぞれの場の実践者として話をお聞きしま
したが、どの人もその章の場だけでなく多様な場に関わっていて、さら
に、場同士の相乗効果も実感されていることがわかります。

◆越境が生み出す好循環

　越境には相乗効果があるだけでなく、好循環も生み出します。

　例えば、「越境」して知らない人やものに出会うことは大きな「刺
激」になります。刺激を受け、自分も学ばなくてはという気持ちが高ま
り、自学や仲間内での勉強会といった「学び合い」をはじめるでしょ
う。学び合いで知見を高めることはもちろん、その運営を手がけること
で、企画立案やコミュニケーションのスキルといった「能力」が向上し
ます。すると、日ごろの業務も受け身ではなく前向きに捉えられるよう
になり、「主体性」が身につきます。この主体性の発揮は業務だけにと
どまりません。積極的になったことで様々な分野で興味関心が生まれ、

またそこでも新たな一歩を踏
み出してみようとする「越
境」に結びつきます。こうし
て越境の好循環が生まれてい
くのです（**図表5-4**）。

　さて、ここでの越境は、そ
れぞれの場の参・加・者・が、参加
者として場を行き来すること
をイメージしています。で
は、この越境を促すため、場
の運営者はどのようにしたら
よいでしょうか。

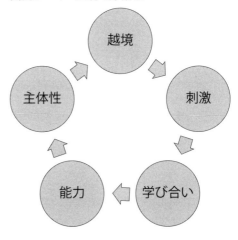

図表5-4　越境の好循環

2節 場を融合すること〜その先にあるもの

　参加者が越境しやすい場をつくっていくために、場の運営者に求められることは「場を融合する」という視点です。ここでの場の融合とは、自分の持つ場、関わる場が交じり合い、行き来がしやすくなる状態を指します。では、場を融合するためには、どうしたらよいのでしょうか。そのためには、「越境を繰り返す」こと、「場を緩ませる」ことの2つが考えられます。

◇場の運営者が越境を繰り返す

　場を融合するには、まずは運営者自身が越境の体現者として、様々な場への越境を繰り返して、越境の経験を増やすことが大切です。どこかほかの職場、別の自治体、参加したことのない自主研やネットワーク、さらに多種多様な地域活動など、自分の延長にある場に飛び込んでいきましょう。そこで自分が運営している場の内容や魅力を伝えて、興味のある人にはこちらの場づくりにも参加してもらうように働きかけます。場の運営者同士が協力しあい、それぞれの「場の距離」を近づけていくことが大切です。色合いが違う場同士が交じり合うことで、新たな化学反応が生まれてくるでしょう。

　また、このように場の運営者がほかの場に越境することで、副次的な効果も生まれます。場づくりに慣れることは大切なのですが、ともすると運営者は参加者としての視点を失いがちになります。例えば、気安さから内輪感が出てしまう、説明不足の進行、気配りの欠如といった懸念があります。そうしたことがその場についてこられない人を生み、特に参加初心者の「もう少し聞いてみたかった、自分も話をしたかった」といった思いを置いてけぼりにしてしまいます。運営者がいろいろな場に参加することで、初心に返り、あらためて参加者の視点を再確認することができるのです。運営者は「場の支配者」ではなく「場の支え役」。私自身も常に気をつけていかなくてはと考えています。

◆場を緩ませること〜有機的な場づくりへ

次に「場を緩ませる」ことについてお話しします。場を緩ませることによって、場の融合がしやすくなります。「緩ませる」と言ってもなかなかイメージがつきづらいかもしれませんが、以下の３つの手法から、その具体的な内容を思い浮かべてみてください。

(1) 雰囲気を緩ませる

１つは、場の雰囲気を緩ませることです。誰もが参加しやすく発言もしやすい雰囲気にしていくためには、傾聴や対話、ファシリテーションの活用や、心理的安全性を確保するといった考え方を取り入れることが重要になってきます。前述の参加者視点も忘れないようにしましょう。

(2) 決まりやルールを緩ませる

２つは、場の決まりやルールを緩ませることです。例えば公務員のみの自主研に地域の人の参加を認めること、などがあげられます。章末の酒井直人さんのインタビューにありますように、東京都中野区の自主研「ＮＡＳ」は、当初は区職員のみを対象にしていましたが、職員以外の人からも参加希望の声があがったことをきっかけに、参加対象をオープンにしました。すると、区民や他自治体の職員など、様々な場に属する人たちが集まり、交流の場へと成長を遂げました。ⅢとⅣの場が融合され、メンバーは（所与的にですが）越境することになります。オープンな場にしていくことは、場が融合する１つのきっかけになるのです。

(3)「思い」を緩ませる

最後は、運営者が自分自身の「思い」を緩ませることです。これまで、場づくりには思いが必要だと繰り返し述べてきました。強い思いを持った人が、場を立ち上げ、人を巻き込み、続けていきます。しかし、その思いの強さから、自身ががんじがらめになってしまうことがあります。私自身も、参加者を増やさなければとの思いから、場づくりに疲れてしまったことがありました。そんな時は、一旦思いを緩ませてみましょう。運営者がこうした「隙」を見せることで、新たな動きが生まれてきます。仲間が自発的に場づくりを進めてくれたり、それによって思

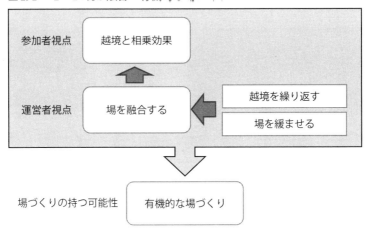

図表5-5　越境と融合～有機的な場づくり

参加者視点　　越境と相乗効果

運営者視点　　場を融合する　　　越境を繰り返す
　　　　　　　　　　　　　　　　　場を緩ませる

場づくりの持つ可能性　　有機的な場づくり

いがけないご縁が生まれたりするのです。場は生き物と同じで、思った通りにはいかないものです。そこで、「諦める」「やめる」とは違う、ときには「緩ませる」ことも大切な視点になります。

　ここまで、場の越境と融合についてお話ししてきました。これらの先にあるものとして、多様な場に関わる人たちが交じり合い、より自発的に場づくりが行われていくこと、そして複層的に多様な場が重なり合いまた新たな場が生まれていくこと、しかもそれぞれの場は一見バラバラなようでも、つながり関わり合っていて、一体的な相乗効果を発揮すること、このような状態を、本書では「有機的な場づくり」と呼びます（**図表5-5**）。これこそが場づくりの持つ可能性となるでしょう。

◇壁のないシームレスな場へ

　前述した茨城の結城で実施したイベント「越える勇気つながる結城」では、若手を中心とした参加者には、飛び出す際の心の支えになるような「越境のパスポート」を見つけてほしいこと、また自主研等の運営者には、その発着場である「越境のエアポート」となる自主研づくりをし、その意義を再確認してほしいと訴えました。イベントを通して、私

自身も３つのことに気づきました。私の好きな曲のタイトルになぞらえてお話しましょう。「ひとかけらの勇気」「道標_{みちしるべ}」「終わりなき旅」です。

　参加者として、越境の不安を乗り越えるには、「ひとかけらの勇気」を持つほかありません。周りが促そうとも自らが踏み出せなければそのままですし、不安な気持ちのまま、勇気を出せずにやり過ごしてしまうときもあるでしょう。序章で「気持ちの見える化」「勇気の見える化」について述べました。大いなる勇気ではなく、ほんのちょっとした勇気でよいのです。一歩踏み出す「越える勇気」を持ってください。

　また、運営者には、そのような越境を目指す人にとっての「道標」になってほしいのです。場の運営者は、ほかの自治体や地域など、すでに様々な場とのつながりをお持ちのはずです。自身が越境を繰り返し、場を緩めて、融合させていくことによって、場の参加者に越境を自然に促して、導いていく。越境者が道に迷ったときには案内ができる、そんな道標としての存在を期待しています。

　３章でもお話ししましたが、今、茨城では自主研が数多く生まれており、そのネットワークは複層的に重なり合っています。個々の場のメンバーには地域とのつながりがあるキーマンも多く、いくつかのネットワークがゆるく存在し、いつでもつながり合える状態になっています。

　まさに、場の壁自体がなくなり、場がシームレスになってきているのです。その場は、業務なのかどうか、対象は自治体職員とするのかどうか、そうしたことの壁はあまり感じられません。例えばどんな場にも"街"場と関わりを持つ参加者がいるので、その人とつながりを持つことで、その地域の場へのアクセスが容易になります。私の場合、"街"場の茨城まちづくりプラットフォームで、県内各地の人たちにご協力いただけているのも、現場や"学"場でのご縁があったからです。まさに場がシームレスであるおかげです。

　さて、３曲目は「終わりなき旅」です。越境をした先に何があるのかというと、越境の先には越境が続く、私達は「終わりなき旅」を進んでいくのです。場づくりも「終わりなき旅」だと言えるでしょう。

◇コロナ禍における場づくり

　この章の最後に、新型コロナと場づくりについて触れておきます。

　コロナ禍においては、リアルに集い、話すことが一定程度制限されてきました。大規模イベントや飲食を伴う会合も激減しました。とはいえコロナ禍においても、場づくりの価値は揺らぎませんし、ますますその価値が高まっています。

　感染症防止の観点から、様々な場がオンラインへと移行しています。オンラインならではの場づくりの作法もあります。けれども、声かけの手法や人と人とのつなぎ方、日程決めなど場の設定、目的に応じた場の運営方法など、どれも従来の場づくりスキルの延長にあるものです。

　私たちは今、コロナ禍という先が見通せない時代を生きています。例えば、落ち込んだ地域経済への対策１つ取ってみても、何が求められているのか、生活の安全を優先すべきではないのか、自治体の財政規律はどう考えるのか…。自治体職員の皆さんは、日々悩みながら試行錯誤していることでしょう。このような答えが見えない時代には、自分の思いや進む道を確認しあえる場、特に、地域の多様な視点が交じり合って、異業種や実践者が広くゆるくつながり合える場、こうした場がますます求められてきます。場づくりの価値はより高まっているのです。

　また、オンラインでは、すでに持っているつながりを維持することはできますが、新たなつながりを広げたり、関係を深めたりすることは難しい、ということを私も実感しています。逆に、オンラインだからこそ、時間や場所の制約を受けずに参加できるという利点もあります。

　便利なオンラインの場と、五感で体感するリアルの場とをうまく組み合わせて、これからも、その時代にあった場づくりを模索しながら進めていきましょう。

コラム：場づくりの呼吸を身につけよう

　1～4章では、それぞれの場における場づくりのメソッドをお話ししてきました。場自体は生モノであり、1つとして同じものはありませんし、同じ場の中でも刻々とその姿を変えていきます。こうした百"場"百様の場と上手につきあっていくコツとして、場づくりの呼吸をお伝えします。

　物事をうまく行う微妙な調子のことを「呼吸」と言いますが、場づくりにも呼吸があります。場づくりの呼吸とは、場の雰囲気を感じ取り、全体の流れを損なわずに、場をよい方向に、求められる方向に持っていくことを、まるで呼吸をするように自然に行っていくことです。場の空気を察知する"吸気"と、それを受けて場に何かしらの影響を与える"呼気"を自分なりにコントロールしていくのです。

　場には、参加者の反応に合わせた進行が必要になりますが、想定される進行のケースによって、使う呼気にはある程度の「型」があります。例えば、参加者が緊張していて場が固まっているときには、それをほぐすよう参加者へ優しくかつ積極的に投げかけを行ってみたり、盛り上がってきて時間が押し気味の中で話が脇道にそれているというときには、やんわりと発言をいなして先に進めたりする、といった進行に合わせた型です。

　進行の後半では、場のクロージングの際に、それまで場に出てきた意見やアイディアなどを拾いながら、「今回のまとめをしっかりと話す」ことで、参加者の満足度を上げる、といった型もあります。参加者のやりとりを踏まえて、その都度まとめの型を変えていくことも、まさに、場づくりの呼吸です。

　場づくりを行う人が、場づくりの呼吸をマスターすることで、その場全体が呼応し合い一体感が生まれるとともに、自身にとっても大きな手応えが感じられて、充実感に包まれることでしょう。

　では、どのように場づくりの呼吸を体得していけばよいのか。それにはまず本書からいろいろな場づくりのノウハウを会得してください。最初はつらくとも、回を重ねるうちに、自然と呼吸ができている自分に気がつくことでしょう。

第5章

場づくりの「越境者」からのエール

酒井直人（さかい・なおと）さん
東京都中野区長。中野区職員として22年間、広報担当副参事、地域包括ケア推進担当副参事等を経験してきた。2018年中野区長選挙に立候補し当選。職員時代に立ち上げ、運営を中心的に担ってきた自主研「ＮＡＳ」や（一社）中野区観光協会のほか、まちづくりのNPO法人「ストリートデザイン研究機構」などに参画している。

——酒井さんは職員時代から、職場や自主研の場、一区民として街に関わる場など、多様な場で活動されてきました。それぞれの場の「相乗効果」を実感されることはありましたか？

　業務外で得たネットワークを業務に活かせたことは、とても大きな効用でした。自治体職員として仕事をするにあたり、役所の中だけで完結するような事業もありますが、地域の人と一緒にやることによって、もっと違う新しいことができたり、お金をかけなくてもすごいことができたり、といったことはたくさんあります。例えば、私が区の広報にいた時には、新しい中野区歌を制作する仕事をしました。これは、中野に縁のある音楽家にお願いしましたが、作詞作曲以外の予算は、ほとんどありませんでした。しかし、ＮＡＳや観光協会で培ったネットワークを活用して、音源作成、CD作成や区歌アレンジコンテストの実施まで実現することができました。

　業務以外の場、地域活動や自主研活動などを通じて、いろいろな人たちと知り合い、付き合っていく。その中で、最適なパートナーや活動の組み合わせを自分で見出して、それによって事業や課題を解決していく。こうした動きができたのは、業務外でネットワークをつくるための活動をしていたからこそだと思っています。

　ほかにも、広報の取材先で多彩な人たちと出会い、仲良くなっていく中

で、面白い活動をしている人をＮＡＳに講師として呼んで話をしてもらう、といったこともありました。職場・現場と自主研（"学"場）との相乗効果です。

　また私は、中野区観光協会で 2012 年の設立以来、ボランティアスタッフとしても活動しています。この観光協会は、日本初の完全民間主体で立ち上がったユニークな団体で、そこのスタッフはボランティア仲間だからみんながフラットなのです。誰かが上から指示したりしないし、お互い助け合って作業して、イベントなどをやっていました。区民レベルのフラットな場を、ここで存分に経験していたので、そこからよい影響を受けてＮＡＳもどんどんフラットな場になっていったし、区職員としてフラットな場で市民と活動することは、自分の中で普通のことになっていきました。観光協会からＮＡＳ、そして職場・現場との相乗効果です。

──ご自身はそれぞれの「場」の間に「壁（境・違い）」を感じたことはありますか？　場の参加者がその壁を越えること、すなわち「越境」するには、どうしたらよいでしょうか。

　観光協会などの地域活動や自主研のＮＡＳには、役所を離れたときの自由さがあります。公務員にとって自分の職場が一番息苦しいじゃないですか（笑）。公務員として仕事をやっているときというのは、まわりからの見る目も厳しいものです。ですので、仕事と仕事以外のものとでは、参加するときの自分の気持ちが違うな、ということはあります。

　ただ、私自身は、どこにいようが、どういう活動をしようが、人に対する自分の振る舞いは変わらないし、変えることはありません。職員の中には、場によって自分の立場や役割が違うから、と演じ分ける人もいますけれど、私はどこに行っても同じで、フランクに活動をしています。それは区長になっても全く変わりません。自分が演じ分けをしていないからこそ、自分というものを相手にわかってもらいやすいのかもしれません。

　仕事の場では、フランクに、と言っても難しいこともあるでしょう。それでも、相手と一緒になって取り組むことなら、フラットな立場のパートナーとして関係を結ぶほうがいいですよね。立場や肩書きが違うからと、身構え

たり態度を変えたりすることはしなくていいと思っています。同じ活動をしていく相手なら、仲間として、パートナーシップを築いていきましょう。

　地域活動や自主研に参加してみること、知らない場に飛び込むことは、先に何があるかわからなくて怖いかもしれません。でも怖がっていてはいけません。「怖がることは何もありません」「安心して場に出てみよう、つくってみよう」ということをお伝えしたいです。どんな場でもそうですが、場には、いればいるほど慣れてくるし、最初は緊張で身構えてしまう相手でも、一緒に活動する中で仲良くなっていきます。まわりからの目が気になる人もいるでしょう。「何をやっているの？」「やりすぎなんじゃないの？」などと言われたり、上の職員から睨まれたり、人それぞれ気にするタイミングはあると思うのですが、それを越えるともう何も怖くなくなります。「これからの職員にとって、自主研や地域活動といった多彩なネットワークをつくるための活動をするのは、当たり前のことなんだ！」と思いましょう。実際に、自治体職員は越境の経験が圧倒的に足りないと感じています。それでは次の時代には自治体職員の居場所はなくなってしまいますよ。

──場をつくる者が場を交ぜていく「融合」についてはどう思われますか？

　ＮＡＳははじめ、中野区職員のための内部勉強会として行っていました。それが、Facebook でオープンに参加者を募っていたこともあり、徐々に区民の方々も参加するようになりました。ＮＡＳの勉強会で呼んだ講師の話を聞いてみたいからと、役所とは全く関係のない人の参加もあるし、一度参加した人が知り合いを連れてきたりと、毎回多様な人たちが集まっています。風通しのよい場になって、いろいろと出会いもあって面白かったです。

　初めて区民の人がやって来たときには、正直緊張感もありました。でも、フラットな場であれば、皆さん違和感なく入ってくれるのです。わざわざ勉強会に来てくれる人というのは、「持ち帰りたい」という思いを持っているし、人と知り合いになることも求めています。そうした人たちが多いから、場としてはやりやすいところがありました。

　役所の人間は、外に出ない人が圧倒的に多い。だから、はじめは区民との

付き合い方が分からず戸惑います。でもそれは区民も同じことで、区民のほうも、役所の人とどう接したらいいのかよくわからないのです。だってその辺に「職員」はいないのですから。だから、そういう人たちがNASのようなフラットな場で職員と出会って、同じ課題について対話をするという体験を通じて、「役所にもこういう人たちがいるんだな」ということをわかってもらえて、広めることができたのはよかったです。

　区の職員たちにとっても、フラットな場で区民と同じ場にいることは大きな意義がありました。それまでは、区民と言えばちょっと怖い地元のお偉いさんなど、これまで見知った一部の印象だけでした。それが、貴重な時間を使って勉強会に来てくれる人も多くいるのだなと、区民の存在を感じてもらえるようになりました。お互いに間近で相手の姿を見ることで、相手のことがよくわかり、よい関係を築けるようになっていったのです。

──越境・融合で、自治体職員や自治体政策はどう変わるでしょうか。

　今、地域には、区役所単独では解決できない課題がほとんどです。けれどもその地域に、区役所以外の地元企業や大学、中野には専門学校もいっぱいあるし、ボランティア団体もある。環境を考える会などの、趣味・関心に根ざす NPO 活動もたくさんあります。様々なアクターと組むことによって、今まで区役所だけでは成し遂げられなかったことができるようになります。区の課題を解決するためには、どこと組むとよいかを、自ら考えて実行できる職員がこれからは必要で、そういう職員になってほしいです。

　公務員としては、上の意向を忖度でき、各種調整能力に長けた職員が重宝されることも事実としてあるでしょう。けれど調整能力が高いことと、新しい価値を創造する能力があるかどうかは別です。これからの時代に求められるのは、新しい価値を創造できる人材です。区民とどうスクラムを組んで、新しいことをはじめていこうか、といった、連携の作法やスキルといったことは、そう簡単には身につくものではありません。もともと得意な人もいるでしょうけれど、どこで学んでどこで習得するのかといったら、地域活動やNASみたいなところなのです。そこで少しずつ磨いていくのだと思います。

今区長として、中野区職員行動指針を作って、「地域に出なさい」ということをはっきりと伝えています。そうすると、出方が分からない職員がいっぱいいると、よく言われるのですが、まずは勉強会など、市民もいるような場にどんどん行ってみよう、とすすめています。

——最後に、「場づくり」は自治体職員にとって、どんな意義があるとお考えですか？

　地域活動や自主研活動をやっている人は、そこで得たものを役所の仕事にも活かしているから、仕事での成果も絶対に出るはずなのです。だから必ず評価されます。私も職員の活動はよく見ています。地域に出ている人とそうでない人はやっぱり違います。業務外の活動をするときに、組織の内部に対しては、どうしてもコソコソしてしまいがち。でも「業務外で学んだことを業務で活かしています」と胸を張って言えるようになってほしいです。

　場づくりができる人は、積極的にやっていきましょう。自分で場づくりをすれば、基本的に自分の居心地のいい場になるし、そこには、気が向いたら来る人も出てきます。活動の積み重ねで場が活き活きしてくるのです。公務員は、中で籠もって仕事をしていることが多いので、外に対する経験値が絶対的に少ないのです。だから、役所と、少なくとももう１つ、必ず場を持ってください。それは自分でつくってもいいし、誰かがつくった場に行ってもいいのです。まともな公務員になりたいのだったら、絶対に外に１つは場を持ってください。これが私からのメッセージです。

　　私も東京出向時代には、「ＮＡＳ」に毎月のように参加していました。そこは、区職員のみならず、中野区民や他自治体の職員など、様々な場にいる人たちが交じり合う「人材の宝庫」であり、まさに「融合の場」でした。職員から転身されて区長となっても、フラットな立場を貫かれているという酒井さん。インタビューの際も職員時代と変わらず気さくに話してくださって、その信念を確かに感じました。（助川）

終章

場づくりへの期待
～私たちができること

　5章において、場づくりの持つ可能性として、「有機的な場づくり」を提案しました。終章では、あらためて場づくりの価値を確認していくとともに、有機的な場づくりを実現するために、今、私たち自治体職員ができることは何かを考えていきます。

1節　場づくりの価値の再確認

　まずは、人と人とが関わり合う「場」自体に価値がある、ということを補強する2つの論をご紹介します。それは「社会関係資本」と「弱い紐帯の強み」です。その上で、今の社会情勢における、場づくりの必要性と、有機的な場づくりへの期待を述べていきます。

◇社会関係資本の視点から

　人と人とがつながりを持つこと、関わり合うことがいかに大切なのか、ここで紹介したいのが「社会関係資本」という考え方です。これは人々の間にある信頼関係や互酬性の規範、社会的ネットワークを含めた人間関係を、社会全体の資本としてとらえる考え方です。ソーシャル・キャピタルとも呼ばれ、ロバート・パットナムの『孤独なボウリング』が有名です。「お互い様」といった互酬性や信頼関係を重視するような

いわば社会関係資本が豊富な地域では、犯罪が減少して地域の安全性が増したり、相対的に学力が高くなったりと、経済面や社会面において、地域によい効果をもたらすといいます。

なお、この社会関係資本には、閉鎖的・同質的な「結束型」と、開放的かつ多様な「橋渡し型」があります。これまでお話ししてきた中では、同じ自治体の職員のみで構成される自主研は、結束型だと言えますし、それらがゆるくつながる自主研サミットなどの広域のネットワークは、橋渡し型であると言えます。どちらにも社会関係資本としての価値はありますが、パットナムは、橋渡し型のほうに今後の期待をかけています。なぜなら、橋渡し型の社会関係資本は、構成する要素が多様であるがゆえにその形成は難しくなるけれど、この橋渡し型であれば、地域ごとに特色をもつ結束型の集団同士をも結びつけることができるからです。もちろん、結束型である自治体ごとの自主研も大切です。その上で、それらを結びつけていくことで、越境や融合を促進する、橋渡し型の社会関係資本の場づくりを、私たちも目指していきましょう。

◇弱い紐帯の強みの視点から

また、場同士がつながることで、これまで出会わなかった人たちが関わり合うことには、どのような価値があるのか、ここでは「弱い紐帯（つながり）の強み」という、マーク・グラノヴェッターが発表した社会的ネットワークに関する仮説をご紹介します。新規性の高い価値ある情報は、家族や親友、職場の仲間といった自分にとって社会的なつながりが強い人々（強い紐帯）よりも、知り合いの知り合い、ちょっとした顔見知りといった社会的つながりが弱い人々（弱い紐帯）から、もたらされる可能性が高いといわれます。自分と同質性の高い近しい人よりもむしろあまり知らない人のほうが、自分の知らない新しい情報を持っていて、それゆえ多角的な情報交換が可能になる、ということです。

多種多様な人々が広く集うことにより、新しいアイディアが生まれる、出会いがイノベーションのきっかけになる、といった説は日本でも

提起されてきています。前述した橋渡し型の社会関係資本の考え方とあわせてみると、「自身が属する集団と異なった属性の集団とつながりを数多く持つこと、さらには、多様な人と人とを結びつける場をこしらえていくこと」が大切なのだとわかります。なぜなら、こうした場づくりこそが、社会関係資本を増やし、地域の力を上げ、弱い紐帯の強みにより創造性が発揮され、イノベーションを生み出す、と言えるからです。まさに、本書でこれまですすめてきた場づくりはこのことです。私たちが進める「場づくり」には、このような大きな価値があるのです。

◇社会を取り巻く不確実要素

　次に、今の社会を取り巻く状況について考えてみます。

　私たちは今、「人口減少」、「気候変動」、そして「新型コロナ感染症」といった大きな問題に直面しています。人口減少は、人口増加を前提としたこれまでの社会構造や制度・仕組みをくつがえし、人口構成の変化と相まって、長期的に地域社会の活力を損なわせていくでしょう。気候変動は、主に温暖化による猛暑、台風や豪雨などの風水害を引き起こす恐れがあります。いつどこで自然災害が発生するかもしれないといったリスクは、社会にとって大きな不安要素になります。また5章で述べたように、新型コロナによる社会の大きな変化は言うまでもありません。経済と新しい生活との両立を目指したくとも、いつ行動が制限されるかわからず、人の気持ちもしぼんだり、すさんだりしてしまうものです。

　このように、先行きが見通せずに不安と不確実性が増す時代、何かをするにあたって「こうしておけば確実、これが正解である」といった正しい答えがわからない、いわば「答えのない時代」に、私たちは自治体職員として1人の住民として生きていかなくてはなりません。

　そこでも、やはり頼りになるのは、人と人とが関わり合う「場」であり、その場を息づかせるための「場づくり」なのです。人と人とのつながりは、災害時など非日常時の協力関係を構築するだけでなく、日常においても仕事や生活の方向性を確認しあえる、精神的な絆となります。

これまでに関わったことがない多様な人たちが出会う場があることで、不確実な時代を乗り切るアイディアも生まれやすくなります。こうしたことがイノベーションにつながるでしょう。また、地域内外の関係づくりを構築する場は、地域の担い手の減少を埋めるきっかけになります。このように、「答えのない時代」だからこそ、新たな価値を生み出す「場づくり」の需要は、ますます高まってくるのです。

そして、場と場がつながっていき、多様な人と人とが出会い、関わり合っていくことが大切になります。多くの地域でいろいろな場が自然と生まれていき、場づくりが幾重にも展開されていくこと、その繰り返しから、場と場、人と人がゆるくつながっていくこと、こうした「有機的な場づくり」は、今後ますます期待されるところです。

2節 今、私たちにできること

では、有機的な場づくりを実現させていくために、今、私たち自治体職員ができることは何なのでしょうか。ここでは「有機的」という言葉から導く、私たちの新たなあり方について提唱します。

◇場づくりの触媒「菌の人」になろう

4章にて、茨城まちづくりプラットフォームでのテーマは、「まちの"土壌"をやわらかくすること」だとお話ししました。この"土壌"とは、何かを発生、発展させる基盤という意味です。

実際の土壌（土）には、多種多様な微生物・菌類が生存し、お互いに影響を及ぼし合いながら適切なバランスを保っているといいます。こうした土壌微生物の影響や多様性によって、土壌は豊かにも不毛にもなり、また何かしらの化学反応が生まれることで、さらなる高次元のバランスに向かっていける可能性を秘めています。

茨城まちづくりプラットフォームでは、私たちが行う"街"場の場づくりによって、まちの"土壌"に少しでもよい影響を与えられたらと願

い、活動を続けています。こうした活動ではよく、「土の人」「風の人」と呼ばれるまちへの関わり方があげられます。私たちのような、まちの中の人と外の人をつなげるといった関わり方は、その土地に根をはって生き抜いている「土の人」ではないし、一時的な関わりによって大きな影響力を与える「風の人」でもありません。そこで私たちは、まちの人に寄り添って、関わる人や担い手を紡いでいく、まちの"土壌"を醸す「菌の人」として、時間をかけて、まちと関わっていきたい、まちの人たちの"触媒"になりたい、と提言したところ賛同が相次ぎました。

この「菌の人」という考えは、自治体職員と有機的な場づくりとの関係においても重要な概念になってくると考えています。本書でこれまでお話ししてきた、自治体職員としてありたい姿である通訳者やつなぎ役など、様々な場のハブとなる存在、というのはまさに"触媒"です。そして、場づくりの芽が出るきっかけをつくること、場そのものを息づかせて意義を持たせること、人と人とを結びつけ、その輪を徐々に広げていくこと、場づくりに関わる人を増やしていくことなど、こうした動きは全て"醸成"することだと言えます。だから、有機的な場づくりの"触媒"として、自治体職員には「菌の人」の役割を担い、場づくりを"醸成"してほしいと考えています。

今、私たちにできること、それは「菌の人」といった意識を持って、場づくりの"触媒"として、有機的な場づくりを仕掛け、生み出していくことです。このことを志していきましょう。

◆場づくりを進める「3つの力」を身につけよう

そのためにも、ぜひ身につけておきたいのが「場づくりを進める力」です。場づくりを進めるには大きく3つの力、「なす力」「おこす力」「つなぐ力」が必要となります。

なす力は、様々な工程を整理し、組み立て、処理していく力です。行政職員としての基本的な事務処理能力でもあるでしょう。仕事上の業務目標や内容については、組織から与えられることが多くなります。そう

いったケースを本書では、特に1章の職場編において、会議運営の手法や注意点としてお伝えしました。

おこす力は、企画力・創造力であり、前に踏み出す力です。そして、おこした場からさらに新しいことを生み出し続ける力でもあります。特に3章・4章の"学"場・"街"場といった自主的な場づくりでは、このおこす力が欠かせません。自主研を立ち上げる、学び合いの場を設けて新しい動きを促していく、まち歩きをはじめて、そのプレイヤーを育てていく、そのようなときに必要になる力です。

そして、つなぐ力。言い換えるならばコーディネート力です。人と人を結びつけていく力であり、他者との信頼性を高めるための力でもあります。地域との協働といった現場や、権限のない中で場づくりを進める"学"場や"街"場において、特に重要になる力です。聴く力、共感する力も、大切なつなぐ力です。場は、人と人とが関わり合うことでできるものです。このつなぐ力は、すべての場において必要となります。

では、その3つの力はどのようにして身につければよいのでしょうか。本書は、どこからでも読める構成にしており、各章では場づくりのケースを絞り込んで記載しています。それぞれの場における手法や考え方を取得してもらうとともに、**図表終－1**の見取り図を参考に、3つの力を意識して横断的に読んでいただくと、理解がさらに深まるでしょう。

◇実践と思考のあくなき繰り返し

場づくりを進める力は、やはり実践を繰り返していかないと、身につくものではありません。最後に皆さんにお伝えしたいのは、場づくりを実践し続けてほしい、ということです。

本書の「はじめに」で記載したとおり、「場づくりの楽しさをお伝えしたい、そして少しでも皆さんの一歩を後押ししたい」と願い、実践を踏まえた私なりのメソッドをお話ししてきました。

序章では、場づくりがこれからの自治体職員に求められるものであることと、場づくりのウォーミングアップについてご紹介しました。

【序章】場を調べる、参加する、練習する

【1章】職場	**【2章】現場**
・会議の運営手法（目的確認、資源と優先度の把握、トラブル予測、当日の運営、メンテナンス）（1・2節）　→なす力	・地域との信頼づくり（1節）　→つなぐ力 ・違いの理解、集客や合意形成の手法（2節）　→なす力
・上司、部下、関係者との関係性づくり（3節）　→つなぐ力	・役所と地域の通訳、認証と広報、ネットワークづくり（3節）　→つなぐ力（＋なす力）
【3章】"学"場（3節）	**【4章】"街"場**（1・2節）
・自主的な場を立ち上げて、価値を高めていく手法（はじめる手順、参加者の満足度を高めるプロセス）　→おこす力	・自主的な場を立ち上げて、価値を高めていく手法（まち歩きをはじめるプロセスなど）　→おこす力（＋つなぐ力）
・仲間に協力をしてもらい、自主的な場を続ける手法　→つなぐ力（＋なす力）	・ネットワークを広げ、プレイヤーを育てる手法　→つなぐ力（＋なす力）

【5章】越境を繰り返す、場を緩ませる

　そして、場づくりをその性質によって、職場、現場、"学"場、"街"場の４つに分類し、１章から４章において、それぞれの場づくりの手法や考え方と、自治体職員にとっての場づくりの意義について触れました。

　さらに５章では、越境と融合についてお話しし、この繰り返しがまた場と場、人と人をつなげていく、場づくりの可能性を述べました。

　ぜひ、皆さんも身近なところから、小さなことでよいので、場づくりを実践してみてください。好きなこと、得意なことからでよいのです。いろいろな場づくりを繰り返していきましょう。すでに場づくりに慣れている方は、職場から"街"場まで、多様な場での場づくりを実践し、さらに場の融合にも取り組んでいただき、「菌の人」としての有機的な場づくりを目指してください。

　場づくりの実践を続けていく中で、何か疑問が生まれてきたときや、壁にぶち当たることがあれば、また本書をお手に取ってみてください。実践を楽しみながら、学びも続けていきましょう。

終章

実践と思考を幾度も繰り返してください。気づきは内側から生まれてきます。場づくりを実践し続けることで、自分の中にたくさんの気づきが生じてきます。その気づきを言語化し、かつ体系化させ、自分なりのメソッドをつくっていきます。それを実践へと落とし込んでいくことでもっと楽しく自分らしい場づくりができるようになります。場が息づき意義を持つことで、場づくり自体の価値が高まるのです。"４つの場"の場づくりで、地域も、仕事も、あなたも、輝くことでしょう。

　そして、場づくりの実践と思考を繰り返した読者の皆さんが、ご自身の場づくりを存分に楽しんでいただくとともに、今度はあなた自身が、場づくりの楽しさをまわりに伝え、誰かの一歩を後押しする側になってほしい、と願います。この本と皆さんの力によって、場づくりを楽しむ「仲間」が１人でも増えたら、こんなに嬉しいことはありません。

おわりに

　皆さん、最後までお読みいただきましてありがとうございました。

　場づくりを進めることで、業務の効率化はもちろんのこと、自治体職員人生が10倍にも100倍にも充実することを願って、筆を進めました。

　このような単著を執筆する機会に恵まれましたこと、私自身いまだに信じられない気持ちでいっぱいです。かねてより「気持ちの見える化」として、「自分の軌跡や思いを書籍などで発信したい」と手帳に記していました。やはり「望みは叶う」のだと、胸を熱くしています。

　その時その時の思いにかられて、目の前の場づくりと向かい合ってきました。そんな中で、今までの経験や気づきを言語化することができたことは、書き手側という新たな視点を得られ、とても貴重な経験でした。

　1年程前に、公職研『地方自治職員研修』に寄稿したことがきっかけとなり、本当にありがたいことに今回の執筆のお話をいただきました。新型コロナウィルスの影響により、この1年で世情は様変わりしました。新たな生活様式やリモートの拡充など、まるで何年も先の未来が、一足飛びに現れたようです。便利になった部分はありますが、人と人とのつながりは、だんだんと希薄になっていく気もします。そうした時代だからこそ、場をこしらえて、そこに意義を持たせて、人と人とを結びつけていく「場づくり」は、いっそう大切になってくることでしょう。

　どんなに社会が変わろうと、場づくりの価値は変わらないものです。場をつくる人の「想いは不滅」なのだと堅く信じています。

　本書の執筆にあたり、たくさんの方々からご協力をいただきました。インタビューにて、全国各地で活躍される自治体職員の方々から伺ったお話は、本書に深みを与えてくれました。あらためて御礼申し上げます。福岡市の今村寛さん、自治体職員として全国的に著名でありご多忙の中、財政出前講座でできたご縁を大切にしてくださり、今回ご快諾をいただき感激しました。地元茨城からは、小美玉市の中本正樹さんに、

地域の人たちと一緒に行う場づくりの本質を教えてもらいました。茨城自主研サミットをともに立ち上げるご縁にもなり嬉しく思っています。関東自主研サミットを導いてくれている大和市の坂本勝敏さんからは、自主研の運営方法についてのヒントをもらっています。坂本さんと一緒に活動して得た知見は、本書に多数活用させていただきました。朝来市の馬袋真紀さんからは、職員も一市民であるという生活者目線にあらためて気づかせてもらえました。私自身理解はしていても実践が薄い部分でもあり、とても勉強になりました。そして、今や中野区長となられた酒井直人さんには、私たち自治体職員に向けた心強いエールをいただきました。自主研でご一緒していたあのころと同じ、区職員時代と変わらない、気さくなお人柄と心意気に心が温まりました。

　さらに、日々の業務や活動を温かく見守ってくださる職場の皆さん、担当を離れても変わらぬつきあいを続けてくれる茨城の商店街の皆さんに、心より感謝を申し上げます。また、私が主宰する場づくりにいつもついてきてくれて、快く協力してくれる頼もしい大切なメンバーたち、特に3章に記した、茨城や全国の自主研で関わってくださる職員有志の皆さん、4章でご紹介した「歴史公共"ほぼ"学会」、「ツナグ茨城」、「茨城まちづくりプラットフォーム」、の仲間たちに、この場を借りて厚く御礼申し上げます。私の場づくりは皆さんの存在があってこそです。

　公職研の犬飼むつみさん、数多くの自治体職員の中から私を見つけて、声をかけてくださったこと、親切丁寧にご指導いただきましたこと、本当に感謝の気持ちでいっぱいです。どうもありがとうございました。

　そして、私の最高のパートナーである妻。今の私があるのは、彼女がいてくれるから。一緒に悩み考えつくりあげた、この『公務員のための場づくりのすすめ』は、まさに私たち2人にとっての「宝物」です。

　最後に、この本を読んでくださった方、関わってくださった全ての方々へ、心からのお礼と幸せを願って、筆をおきたいと思います。

2021年2月　助川 達也

著者紹介

助川達也（すけがわ　たつや）

茨城県職員。茨城県龍ケ崎市出身。2001年、東京大学文学部歴史文化学科卒業、茨城県入庁。商店街支援や東京事務所の勤務等を経て、茨城県自治研修所講師。自主研に関するセミナーを企画するなど、職員の自主的な学びの促進に努めている。県職員業務のかたわら、ネオ県人会（茨城）、茨城のまち歩き＆学習会、ブラタ○リごっこ等、公務員の枠を越えて多様な人がつながる場づくりや、人やつながりに着目したまちづくり活動を企画し、実践している。経済産業大臣登録中小企業診断士。東京大学大学院工学系研究科都市持続再生学コース修士課程在籍。

公務員のための場づくりのすすめ　Ⓒ　2021年
　　―"4つの場"で地域・仕事・あなたが輝く―

2021年（令和3年）4月20日　初版第1刷発行

定価はカバーに表示してあります。

著　者　助　川　達　也
発行者　大　田　昭　一
発行所　公　　職　　研
〒101-0051
東京都千代田区神田神保町2丁目20番地
　　　TEL　03-3230-3701（代表）
　　　　　　03-3230-3703（編集）
　　　FAX　03-3230-1170
　　　振替東京　6-154568
ISBN978-4-87526-408-8 C3031　https://www.koshokuken.co.jp

落丁・乱丁は取り替え致します。　PRINTED IN JAPAN

カバーデザイン：デザインオフィスあるる館
印刷：モリモト印刷

公職研図書案内

佐藤　徹 編著

エビデンスに基づく自治体政策入門
ロジックモデルの作り方・活かし方

エビデンスによる政策立案・評価とは何かという【基礎】から、実際にロジックモデルを作成して、政策・施策に活用する【応用】まで。ロジックモデルを"学べる×使える"ワークシートのダウンロード特典付き。　定価◎本体 2,100 円＋税

葉上太郎 著

都知事、不思議の国のあるじ　20 年間の都政から読みとく地方自治

都知事とは何か、都庁とは何か。約 20 年にわたり、都の政治・政策を"辛口"解説してきた雑誌連載「葉上太郎の都政ウオッチング」。厳選 47 本のコラムが、その謎を解き明かす。　定価◎本体 1,750 円＋税

鈴木秀洋 編著

子を、親を、児童虐待から救う　先達 32 人の知恵

現在の児童虐待対応の課題への具体的羅針盤を示す。福祉、保健、医療、心理、保育、教育、弁護士、警察、検察、地域…児童虐待防止に挑む、関係全分野の第一人者、総勢 32 人の書き下ろし。　定価◎本体 1,800 円＋税

自治体マネジメント研究会 編

自治体係長の職場マネジメント（第 2 次改訂版）
係長の"判断・行動"がわかる 40 の事例

係長を目指す職員に、はじめての係運営に不安を持つ新人係長に、部下・上司との関係に悩みが生じたベテラン係長に送る、自治体係長のための教科書。職務遂行・組織運営・上司の補佐の要点がよくわかる一冊。　定価◎本体 2,100 円＋税

公職研編集部 編

《近刊》

必携自治体職員ハンドブック（第 5 次改訂版）

「地方行政の動向・課題」「地方自治の諸制度」など、職員必須の基本知識をこの一冊で。巻末付録として、令和時代の職員に求められる「経営管理のポイント」を新たに書き下ろし。　定価◎本体 2,400 円＋税